Reinhard Pohanka • Attentate in Österreich

REINHARD POHANKA

ATTENTATE IN ÖSTERREICH

:STYRIA

Die Deutsche Bibliothek – CIP-Einheitsaufnahme

Pohanka, Reinhard:
Attentate in Österreich / Reinhard Pohanka. –
Graz ; Wien ; Köln : Verl. Styria, 2001
ISBN 3-222-12875-8

Layout und Umbruch: Helmut Lenhart
Umschlagbild: Museen der Stadt Wien
Umschlaggestaltung: Graphik-Design Mag. Kurt Rendl, Wien
Druck und Bindung: Druckerei Theiss GmbH, A-9400 Wolfsberg
ISBN 3-222-12875-8

INHALTSVERZEICHNIS

Vorwort

Das Attentat ist ein ständiger Begleiter der Menschheitsgeschichte. Dabei wird unter einem Attentat jeder politisch motivierte Anschlag auf das Leben eines Menschen in hervorragender gesellschaftlicher Stellung verstanden.
Attentate sind dramatische Ereignisse, geeignet, den Lauf der Welt und der Geschichte für einen Moment anzuhalten, ihr dann entweder eine andere Richtung zu geben oder sie weiter laufen zu lassen wie bisher. Viele Attentate haben zwar vermocht, die Geschichte zu ändern, viele waren scheinbar nutzlos, aber eben nur scheinbar. Wenn der „Hauch der Geschichte" ein Opfer „umweht" hat, wenn es nur gestreift wurde von der Möglichkeit des eigenen Todes, der vielleicht im letzten Moment durch ein Versagen des Attentäters oder seiner Waffe verhindert wurde – auch dieser Moment kann die Geschichte modifizieren. In keinem Fall bleibt ein Opfer unbeeindruckt, allein das Wissen um einen Anschlag auf Leib und Leben ändert den Lauf der Welt.
Die Mehrheit der Attentäter sucht ihr Opfer gezielt aus, man sieht sich nach der Möglichkeit um, die Geschichte und die Politik innerhalb von Sekunden radikal zu verwandeln. Je höher das potenzielle Opfer in der gesellschaftlichen oder politischen Hierarchie steht, umso wahrscheinlicher wird eine solche Änderung. Der Attentäter mordet nicht aus Zufall oder planlos – über Wochen und Monate, oft sogar über Jahre baut er eine persönliche Beziehung zu seinem Opfer auf, er mythologisiert es, er sieht in ihm die Schuld für alle Missstände in seinem Leben und in der Gesellschaft. Oft werden persönliche Probleme zum Auslöser, das eigene Versagen im Leben wird durch das Attentat kompensiert.
Es gibt aber auch den kühlen, überlegten Attentäter, der mit Kal-

kül vorgeht, der auf Befehl und Auftrag mordet, und es gibt jenen Attentäter, dem sein Opfer als Person egal ist, der allein die Funktion des Opfers vernichten möchte, weil sie jene Macht darstellt, die seiner Sicht der Zukunft entgegensteht. Jeder Attentäter aber ist bereit, ein Märtyrer zu werden. Die Mehrzahl nimmt beim Anschlag den eigenen Tod in Kauf, manche schreiben Abschiedsbriefe, packen ihre Habseligkeiten vor dem Attentat zusammen. Alle aber wollen sie, dass ihr Name in die Geschichte eingeht. Auch wenn man als Mensch unbedeutend ist – tötet man ein gekröntes Haupt, so wird der eigene Name stets mit ihm im Zusammenhang genannt werden und unvergessen sein. Jeder Attentäter hat ein Motiv, vom nobelsten, dem Mord am Tyrannen, bis hin zum profansten, dem Lösegeld oder Mordlohn, der ihm für die Tat ausbezahlt wird. Die Noblen sind es, die oft gar nicht versuchen, nach der Tat zu flüchten, die begierig sind, ihre Tat in der Öffentlichkeit zu begründen, die Bezahlten planen ihre Flucht genauestens.

Motive für Attentate gibt es viele: die missionarische Begeisterung, einen ganzen Kontinent vom Tyrannen zu befreien, Rache zu nehmen für hingerichtete Genossen, Durchsetzung einer bestimmten Politik bis hin zur persönlichen Verzweiflung oder zum unbändigen Hass auf eine einzelne Person.

Die Attentäter kommen aus den verschiedensten sozialen Schichten, meist sind sie jung, zwischen 20 und 30, immer sind sie fanatisch, manche sprechen von Halluzinationen, die ihnen ihr blutiges Werk aufgetragen haben. Andere leitet der Hass; ein abgelehntes Gesuch, eine persönliche Kränkung reichen oft aus, um zur Waffe zu greifen.

Ich habe im vorliegenden Buch versucht, 20 Attentate in Österreich zwischen 1809 und 1997 zu beschreiben, in 18 Fällen waren die Attentäter Männer, in einem Fall eine Frau und in einem anderen eine Gruppe, in der eine Frau Mitglied war. Attentate sind also offenbar eine männliche Domäne. Zu jedem Attentat gibt es eine Geschichte im Hintergrund, eine Beschreibung der Umstände, die sich oft über lange Jahre entwickeln können. Sie sind genauso wesentlich für das Verständnis eines Attentates wie die Kenntnis über das Motiv des Täters. Manche der Ursachen für ein Attentat entstehen Jahre, bevor der Attentäter geboren wird – ihm bleibt es dann vorbehalten, die Entwicklung zu einem Höhepunkt zu bringen, und zu versuchen, sie abzuschließen.

Die Opfer sind Kaiser und Spitzenpolitiker, einfache Polizeiagenten, abgesetzte und exilierte Diktatoren oder Politiker aus fremden Ländern, die in Österreich Zuflucht suchten: Jedem ist hier das Schicksal für einen Moment begegnet. Keiner von ihnen war auf das Attentat vorbereitet, keiner dachte, dass er als Opfer auserwählt sein könnte. Es ist für den Betroffenen schwer vorstellbar, dass man seine Person also so wichtig oder so hassenswert betrachten könnte, um ihn zu ermorden oder aber, er kann sich nicht vorstellen, dass er sich wegen seiner Politik oder seinem Leben Feinde machen könnte. Kaum eines der Opfer wehrt sich aktiv, sein Leben hängt in der Sekunde des Attentates vom Geschick oder Ungeschick des Täters oder vom Zufall ab.

Attentate erfolgen auf die verschiedenste Art und Weise: Mit Messer, Pistole, Revolver, Gift oder Bombe gilt es für den Attentäter, möglichst nahe an die Zielperson heranzukommen und dann mit kühner Entschlossenheit zu handeln. Im 19. Jahrhundert gelingen weniger Attentate als im 20. Jahrhundert. Es mag daran liegen, dass man damals oft zum Messer, der klassischen Waffe des Attentäters, griff oder, wie man es nach dem Attentat Libényis auf Kaiser Franz Joseph glaubte, dass den Täter doch in letzter Sekunde ein Schauder vor der ruchlosen Tat auf ein gekröntes Haupt packte. Der Gebrauch des Revolvers, die aus der Distanz abgefeuerte Kugel, hat viel dazu beigetragen, dem Attentäter sein Vorhaben leichter zu machen. Nicht er muss das Messer in den Körper des Opfers treiben, sondern die aus der Entfernung abgefeuerte Kugel tötet oder verletzt, das Gleiche gilt für das anonym verabreichte Gift oder die mit der Post versandte Bombe.

Und dann die wichtigste Person des Attentates: der Täter. Fast alle sind sie Männer, verrückt, begeistert oder verzweifelt, erst am Ende des 20. Jahrhunderts als Terroristen kühl und neutral einer Aufgabe wie einem Beruf nachgehend. Meist sind sie hin und her gerissen zwischen Begeisterung und Angst, manche versuchen, die Tage vorher so normal wie möglich zu verbringen, manche nehmen schon Abschied vom Leben. Kaum einer denkt über das Attentat hinaus, die wenigstens planen eine Flucht nach dem geglückten oder missglückten Anschlag. Was zählt, ist die Tat, das Danach wird zur Nebensache. Man muss Fanatiker sein, um ein Attentat auf eine hochrangige Person verüben zu wollen, man muss mit seinem Leben abschließen, nur dann kann man auf Erfolg hoffen. Alle Attentäter glauben, mit ihrer Tat Entscheidendes bewirken zu können, die wenigsten haben sich die wahren Konsequenzen ihres Handelns überlegt, manche geben sich der Täuschung hin und glauben, zum Helden zu werden, statt Strafe zu bekommen. Um ein erfolgreicher Attentäter zu sein, muss man die Psyche eines Märtyrers haben, sich als Held fühlen und gleichzeitig ein Verlierer sein. Aus dieser Mischung aus persönlichem Fanatismus, Sucht nach Ruhm und Hoffnungslosigkeit entstehen jene Attentäter, die Erfolg haben. Fehlt ein Element, so ist ein Scheitern wahrscheinlich. Wichtig für den Täter ist seine Mission, an die er fest zu glauben hat, es gibt kein halbherziges Attentat, nicht einmal in Österreich, wo oft schon der Wille als Ersatz für die nicht erfolgte Ausführung genügt.

Die Mehrzahl der Attentäter handelt allein. Zwar ist man von Seiten der untersuchenden Behörden stets geneigt, das Attentat als Teil eines größeren Komplotts zu sehen, und dort, wo es keines gibt, versucht man oft, eines zu konstruieren. Tatsache aber ist, dass der typische Attentäter zumeist einsam plant und handelt und dann allein die Folgen seiner Tat zu tragen hat.

Die Konsequenzen der Attentate sind unterschiedlich, die Zielperson kann überleben oder sterben. Allerdings zeigen sich die Opfer oft noch lange Zeit danach vom Attentat beeindruckt. Besonders gekrönte Häupter oder hohe Politiker, denen täglich hofiert wird, werden sich durch das Attentat ihrer Sterblichkeit bewusst, kaum einer ändert aber deshalb seine Politik oder sein Verhalten. Der Täter wird in allen hier dargestellten Fällen gefasst und verurteilt. Zumeist gilt, je höher die Stellung des Angegriffenen, umso eher kommt der Attentäter mit dem Leben davon. Oft setzt das Opfer sich selbst für den Attentäter beim Prozess ein, außer andere bemächtigen sich des Falles und rächen den Angegriffenen stellvertretend.

Ich habe jedem Kapitel noch eine Schlussbetrachtung beigefügt, welche die Alternative eines geglückten oder missglückten Attentates kurz untersucht. Ich bin mir bewusst, dass alternative Geschichte reine Spekulation ist, dennoch kann man sich kaum der Faszination des Gedankens des „Was wäre, wenn" entziehen. Als wesentlichstes Ergebnis erscheint mir, dass, je weiter die Geschichte ins 20. Jahrhundert heraufrückt, desto geringer werden die alternativen Konsequenzen aus einem Attentat. Dies könnte damit zu erklären sein, dass moderne Politik und Geschichte weltweit immer mehr vernetzt werden, sodass ein singuläres Ereignis durch andere Geschehnisse ausgeglichen wird. Es reicht nicht mehr wie früher aus, eine einzelne Person, auch wenn sie an der Spitze des Staatswesens steht, zu beseitigen, um der Geschichte mit einem Schlag eine andere Wendung zu geben. Die Zeit der großen singulären Persönlichkeiten scheint vorbei, sie wurden ersetzt durch den demokratischen Staat, der aus vielen Einzelwesen und Einzelentscheidungen besteht. Fällt eines dieser Einzelwesen durch ein Attentat aus, so hinterlässt es eine Lücke, die aber nicht mehr so groß ist, als dass sie eine wesentliche Änderung der Historie des Gesamten auslösen könnte.

Auch die modernen Attentäter haben darauf reagiert und versuchen kaum mehr einzelne Personen zu treffen. Der moderne Terror trifft wahllos unbeteiligte Menschen und versucht durch Schrecken und Angst der Wähler eine Änderung der bestehenden Verhältnisse herbeizuführen.

Je länger ein Ereignis zurückliegt, umso besser sind die Konsequenzen einer Tat abzuschätzen. Jeder mag hier selbst versuchen, sich ein alternatives Universum vorzustellen, in dem er heute leben müsste, wenn eines dieser Attentate anders ausgegangen wäre, als es in Wirklichkeit geschah.

Gibt es eine philosophische Verantwortung der hier dargestellten

Attentäter vor der Geschichte – wie sie Aristoteles, Cicero oder Johannes von Salisbury, die alle den Tyrannenmord explizit erlauben, annehmen? Unter den beschriebenen Beispielen finden sich in keinem einzigen Fall Hinweise, dass ein Attentäter sich die antiken Philosophen oder die Jesuiten zum Vorbild genommen hätte, die erlauben, ungerechte Herrscher oder Tyrannen zu töten. Alle aber glauben sie, Gott auf ihrer Seite zu haben, viele meinen, eine von Gott übertragene Mission zu erfüllen. Manche Attentäter haben sich an Thomas Jefferson gehalten, der äußerte, dass „... der Baum der Freiheit von Zeit zu Zeit mit dem Blut von Patrioten und Tyrannen gestärkt werden muss". Manche nahmen an, dass die Tyrannei, in der sie zu leben glaubten, durch das Attentat Linderung erfahren würde.

Jeder Attentäter hat aber dahingehend Unrecht, als er nur eine, nämlich seine Meinung vertritt. Indem er das Attentat verübt, versucht er die Welt nach seiner Vorstellung umzuformen – insofern ersetzt er einen tyrannischen Akt durch einen anderen. Und diese spezielle Art der Tyrannei wird niemals enden, immer wird es Menschen geben, die zur Waffe greifen, um die Welt nach ihren Vorstellungen innerhalb eines kurzen Augenblickes umzugestalten, und niemand wird später sagen können, ob es zum Guten oder Schlechten war. Dies ist die Rache der Geschichte am Attentäter, der zwar seinen Namen mit einem Attentat verewigen, aber nicht entscheiden kann, ob er als Fluch oder als Segen ausgesprochen wird.

Der kindliche Revolutionär

Friedrich Staps und das Attentat auf Kaiser Napoleon I.
(12. Oktober 1809)

Die Hintergründe

Das 19. Jahrhundert begann mit der Auflösung der alten Herrschaftssysteme in Europa. Die Französische Revolution von 1789 hatte dazu geführt, dass sich die konservativen Monarchen Europas gegen das revolutionäre Frankreich wandten, nur um eine Reihe von militärischen Niederlagen zu erleiden, die in der überlegenen Motivation der französischen Truppen, die anders als die Söldnerarmeen der europäischen Fürsten für ihr Land und nicht für Lohn kämpften, begründet waren. Als 1806 die süd- und westdeutschen Fürsten aus dem Reich austraten und unter dem Protektorat Napoleons den Rheinbund gründeten, legte Franz II., seit 1804 als Franz I. auch Kaiser von Österreich, die römisch-deutsche Kaiserkrone nieder. Das Heilige Römische Reich Deutscher Nation hatte aufgehört zu bestehen. 1805 wurden Österreich und Russland besiegt, 1806 Preußen geschlagen. Im Frieden zu Tilsit verlor Preußen alle Gebiete westlich der Elbe, Danzig und die seit 1772 erworbenen Teile Polens. Frankreich war unter Napoleon zur Vormacht in Europa aufgestiegen.
Durch die Niederlage begann aber auch langsam der Gedanke an Reformen in Preußen zu entstehen. Johann Gottlieb Fichte, Philosoph an der Berliner Universität, prangerte in seinen Reden an die deutsche Nation die französische Besatzung und die antinationalen deutschen Fürsten an und forderte ein geistiges Selbstbewusstsein des Deutschtums. Ziel sollte es sein, die Zersplitterung der deutschen Staaten zu beenden und ein Nationalbewusstsein zu schaffen – ähnlich wie Frankreich und England, welche ihre Nationalstaatlichkeit Jahrhunderte früher erreicht

hatten. Besonders die Jugend und die Studenten waren von Fichtes Ideen begeistert. Man sah Napoleon nun nicht mehr als den Befreier, der die Errungenschaften der Französischen Revolution brachte, sondern als den Diktator, der eine deutsche Nation zu verhindern suchte. Gleichzeitig wurde bewusst, dass sich das napoleonische System stets nur mit Krieg und Unterdrückung in den deutschen Staaten aufrechterhalten lassen würde, Grund genug, um in der national bewegten Jugend den Gedanken an ein Ende dieses Systems reifen zu lassen. Da die französischen Heere aber die Schlachtfelder Europas für fast ein Jahrzehnt nach Belieben dominiert hatten, schien der einzige Weg zu sein, das militärische Genie, das diese Armeen dirigierte, zu beseitigen.
Dieses Genie, der französische Kaiser Napoleon, stand im Oktober 1809 im Zenit seiner Macht. Der österreichische Kaiser Franz, sein Minister Graf Stadion und sein Pariser Gesandter Metternich hatten im April Napoleon den Krieg erklärt, um die Niederlage von 1805, als Napoleon Österreich bei Austerlitz geschlagen und Wien erobert hatte, zu tilgen. Dieser hatte die österreichischen Pläne

Der Schlosshof von Schönbrunn, Schauplatz des Attentates auf Napoleon.

vorausgesehen und seit Monaten starke Kräfte in Süddeutschland zusammengezogen. Nun reagierte er mit Schnelligkeit und Entschlossenheit und war mit seiner gesamten Armee in Österreich einmarschiert, hatte Erzherzog Karl am 23. April bei Landshut und Regensburg besiegt, schlug bei Ebelsberg am 3. Mai Feldmarschall Hiller, der sich ihm in den Weg stellte, und belagerte Wien, das am 13. Mai nach einem Bombardement den französischen Truppen seine Tore öffnete. Napoleon nahm sein Quartier wie schon 1805 in Schloss Schönbrunn und dirigierte von hier den Aufmarsch seiner Armee gegen den am Nordufer der Donau heranrückenden Erzherzog Karl. Am 21. und 22. Mai kam es bei Aspern und Eßling zur Schlacht und zum ersten Sieg über den bisher für unbesiegbar gehaltenen Kaiser der Franzosen, allerdings ohne dass die Österreicher Wien den Franzosen entreißen konnten.
Napoleon richtete sich in Wien häuslich ein, seine Armee besetzte alle Quartiere in der Stadt und in den Vorstädten. Man bereitete sich auf eine lange Besatzungszeit vor, da der österreichische Kaiser, beflügelt durch den Erfolg in der Lobau, nicht an Frieden den-

ken wollte. Napoleon zog indessen 160.000 Soldaten in und um Wien zusammen, überschritt am 5. Juli die Donau und schlug am Tag darauf die Österreicher bei Wagram entscheidend. Am 12. Juli musste Kaiser Franz in Znaim notgedrungen einen Waffenstillstand schließen, und man machte sich im österreichischen Lager auf lange Friedensverhandlungen und harte Kriegsentschädigungen gefasst.

Das Opfer: Napoleon I., Kaiser der Franzosen

Am 15. August 1769 wurde Napoleon Bonaparte als Sohn eines Anwalts im korsischen Ajaccio geboren. Seine Karriere begann 1793, als der junge Artillerieoffizier einen gegen die Französische Revolution gerichteten Aufstand in Toulon niederschlagen konnte und dafür zum Brigadegeneral befördert wurde. Man wurde in Paris auf ihn aufmerksam und gab ihm 1796 das Oberkommando über die französische Armee in Italien, wo er seine Truppen gegen Österreich von Sieg zu Sieg führte. Ohne Rückfrage schloss er 1797 in Campo Formio einen vorteilhaften Frieden mit Wien und drängte nun zum Kampf gegen England. Zwar wurde dieses Unternehmen in Ägypten 1799 wegen des britischen Seesiegs bei Abukir zum Fiasko, doch schmälerte das die Popularität Bonapartes nicht. Auf diese Beliebtheit konnte er bauen, als er am 9. November 1799 das regierende Direktorium stürzte und an seine Stelle ein dreiköpfiges Kollegium von „Konsulen" setzte, das er diktatorisch leitete. Napoleon begann mit einer inneren Konsolidierung Frankreichs: Er schloss 1801 in Lunéville Frieden mit Österreich und 1802 in Amiens mit England und liquidierte mit dem Konkordat von 1802 den Religionskrieg der Revolution, ohne freilich die eingezogenen Kirchengüter zurückzugeben. Ein ganzes Reformpaket galt der Modernisierung der Verwaltung, des Schulwesens und des Rechts. Plebiszite ermutigten Bonaparte zur Errichtung des erblichen Kaisertums mit seiner Krönung am 2. Dezember1804, das er in der Nachfolge des Imperium Romanum und Karls des Großen als „Empire" betrachtete. Imperialistisch war auch das Programm

Napoleons I., wie er sich nun als „Kaiser der Franzosen" nannte. 1805 schlug er Österreich und Russland bei Austerlitz, 1806 demütigte er Preußen bei Jena und Auerstedt, 1807 arrangierte er sich mit dem Zaren in Tilsit, 1809 blieb er in einem zweiten Waffengang gegen Österreich Sieger und beherrschte nun ganz Westeuropa.

Das Attentat

Napoleon kehrt von Wagram bereits am 14. Juli nach Schönbrunn zurück. Da die österreichische Seite die Verhandlungen verzögert – Metternich wird zum Außenminister ernannt, und Kaiser Franz überlegt in Komorn, zugunsten Erzherzog Karls abzudanken –, ziehen sich die Verhandlungen hin. Napoleon hat es sich zur Angewohnheit gemacht, in Schönbrunn immer wieder Paraden seiner Truppenteile abzunehmen, so auch am Vormittag des 12. Oktober. Der Kaiser steigt die Schlosstreppe zur Inspektion hinab und schreitet mit seinem Gefolge über den Hof, um zum rechten Flügel des angetretenen Linienregiments zu gelangen, begleitet von seinem Generaladjutanten Rapp und von Berthier, dem Fürsten von Neufchatel. Das Spektakel hat wie immer zahlreiche Wiener angelockt, und plötzlich drängt sich aus der Menge ein junger, gut aussehender Mann, gekleidet in einen neuen, olivfarbenen Überrock mit grünem Kragen, grünen Aufschlägen und einem französischen Chapeau claque mit einer französischen Kokarde auf dem Kopf, an den Wachposten vorbei, offenbar, um dem Kaiser

Napoleon I., Kaiser der Franzosen.

eine Bittschrift zu überreichen. Napoleon bemerkt ihn nicht, aber Berthier spricht ihn mit den Worten: „Lassen Sie mich wissen, was Sie von dem Kaiser wollen, geben Sie mir Ihr Gesuch", an. Der junge Mann hat nämlich den Mantel oben geöffnet und die Hand hineingesteckt, als wolle er eine Bittschrift hervorziehen. „Ich will sie nur dem Kaiser übergeben", antwortet dieser und geht weiter auf Napoleon zu. Berthier fasst ihn nun am Mantel und drängt ihn zur Seite: „So nähert man sich dem Kaiser nicht, sprechen Sie mit dem Adjutanten vom Dienst." Gleichzeitig ruft er nach General Rapp, um den Mann, der ihm nun verdächtig vorkommt, überprüfen zu lassen. Die Gendarmen bringen ihn ohne Aufsehen zur Seite und durchsuchen ihn, wobei sie ein neues großes Küchenmesser, das in einem mit Bindfaden verschnürten Bogen Papier wie in einer Scheide steckt, finden. Man ruft nun nach den Generälen Rapp, Duroc und nach Savaray, dem Leiter der geheimen Polizei, und man befragt den jungen Mann. Die Antworten, die er gibt, verblüffen durch die Freizügigkeit, mit der er seinen Attentatsplan sofort zugibt. Er heiße Friedrich Staps, sei ein Erfurter Kaufmannslehrling, der 17-jährige Sohn eines Geistlichen aus Naumburg, und sein Plan sei gewesen, Napoleon in Wien zu erstechen.

Nach der Parade wird Napoleon von Rapp über den Vorfall, den er gar nicht mitbekommen hat, informiert. Napoleon ist zunächst eher ungläubig und spöttisch, dann aber sichtlich beunruhigt, will den Verhafteten nun selbst sehen und lässt sich Staps in Gegenwart von Rapp, Savary, Bernadotte, Berthier und Duroc vorführen. Als er Staps sieht, der ihn ruhig und ehrerbietig grüßt, ruft er überrascht aus: „Oh, das ist unmöglich, das ist ja fast ein Kind!" Napoleon verhört Staps nun persönlich, der ihm enthüllt, seine einzige Absicht sei es gewesen, ihn, den Kaiser, zu töten. Napoleon will und kann nicht glauben, dass Staps bei Vernunft ist, immer wieder ruft er aus: „Sie sind ein Narr, Sie sind ein Illuminat, Sie sind krank!" Napoleon hat zu dieser Zeit besondere Angst vor dem Geheimbund der Illuminaten, als deren Nachfahren er den deutschen „Tugendbund" ansieht. Über seine Beweggründe befragt, antwor-

tet Staps, er habe seinem Vaterland und ganz Europa einen Gefallen tun wollen, indem er sie von der Geißel Napoleon befreien wollte, einen persönlichen Hass empfinde er nicht. Napoleon überlegt laut, ob er es hier mit einem Narren oder Kranken zu tun habe, und lässt seinen Leibarzt Corvisart holen, der Staps untersucht, aber außer einem erhöhten Puls nichts feststellen kann. „Dann sind Sie ein überspannter Mensch", stellt Napoleon fest. „Sie richten die Ihrigen zu Grunde, ich will Ihnen aber das Leben schenken, wenn Sie um Verzeihung bitten und Ihr Verbrechen bereuen." Beides wird von Staps mit den Worten abgelehnt: „Sie zu töten ist kein Verbrechen, sondern eine Pflicht." Napoleon, dem man in diesen Minuten durchaus eine gewisse Geduld und Großmut zugestehen muss, versucht es nochmals und fragt ihn, ob er seine Begnadigung mit Dank annehmen würde, worauf ihm Staps antwortet: „Ich würde Sie dennoch töten." Nun hat Napoleon genug und lässt ihn abführen.
Staps geht Napoleon aber nicht aus dem Kopf, am Abend desselben Tages spricht er nochmals mit General Rapp über den Vorfall und vermutet einmal eine größere, von Berlin oder Weimar aus gelenkte Verschwörung, ein anderes Mal sieht er Staps von Frauen zu seiner Tat getrieben. In einem Brief an seinen Polizeiminister Fouché in Paris vom selben Abend spricht er von Staps bereits als von einem „Wicht, bei dem weder religiöser noch politischer Fanatismus gefunden werden konnte. Man wird ihn verhören, wenn er abgekühlt und ernüchtert ist. Es steckt vielleicht gar nichts dahinter", und lässt Staps an ein Kriegsgericht unter dem Vorsitz des Generals Lauer überstellen.

Der Attentäter: Friedrich Staps

Friedrich Staps wurde am 14. März 1792 in Naumburg als Sohn des örtlichen Predigers geboren, über seine Jugend ist wenig bekannt. In seiner Biographie beschreibt sein Vater die Kindheit von Staps in einer Kleinstadt und bezeichnet ihn vorsichtig als mäßig begabt und von geringer Bildung, die er bereits mit 14 Jahren abgebrochen hatte, allerdings auch als beseelt von Fleiß und pedantischer Beharrlichkeit. 1806 wurde er von seinen Eltern nach Erfurt gebracht, wo er zu Pfingsten eine Lehrstelle als Kaufmann in einer Stofffabrik antrat. Mit 16 Jahren sah er Napoleon am Erfurter Fürstentag. Da sein Interesse für Politik aber zu diesem Zeitpunkt noch nicht erwacht war, zeigte er sich nur vom Glanz des Herrschers und von den stattfindenden Festlichkeiten begeistert. Staps war ein romantischer Schwärmer, der Trauerspiele las, um sich vor dem Tod nicht zu fürchten. Bis zum Sommer 1809 zeigte er keinerlei politische Ambitionen. Erst die Schlachten von Aspern und besonders die von Wagram, in der auch fast das gesamte sächsische Truppenkontingent in der Armee Napoleons aufgerieben wurde, ließen eine vorerst durchaus vorhandene Bewunderung für Napoleon verschwinden, die durch Hass ersetzt wurde. Dazu scheinen Träume oder Visionen gekommen zu sein, in denen er sich als Retter Deutschlands sah, auch die nationale Begeisterung für das zu dieser Zeit operierende Schill'sche Freikorps brachte ihn auf den Gedanken eines Attentates gegen Napoleon.

Staps betrachtete sich nicht als Brutus, als Tyrannenmörder, er konnte mit diesem Namen beim Verhör durch Napoleon nichts anfangen, aber er sah sich in der Tradition der Jungfrau von Orléans und schrieb in einem Brief am 20. September 1809 an seine Eltern: „Gott wird auch in den Schwachen mächtig, die zarte Kraft ersieht er sich zu seinem Werkzeug, wenn er die Völker befreien will." – „Unter allen historischen Schriften", so gestand er General Savary später, „hat mir die Jungfrau von Orléans am besten gefallen, weil sie Frankreich vom Joch der Feinde befreit hat, ihr wollte ich nachahmen."

Mittels Dokumentenfälschung gelang es ihm, einen Pass nach Wien zu erhalten, zurück ließ er nur Abschiedsbriefe an seine Freunde und an seine Eltern, in denen er sich in dunklen Andeutungen erging: „... er müsse fort, um Tausenden das Leben zu retten und dann selbst zu sterben."

Am 24. September verließ er Erfurt und reiste über Regensburg nach Wien, wo er am 7. Oktober eintraf. Hier in Wien, in der

Napoleon verhört Friedrich Staps nach dem Attentat.

Straße „Im Elend Nr. 188“, heute Ecke Tiefer Graben/Salzgries, nahm er eine Wohnung, in einem Gasthaus erfuhr er, dass der Kaiser jeden Sonntag in Schönbrunn Paraden abzunehmen pflegte. Am 8. Oktober besichtigte er das Schloss in Schönbrunn und entschied, dass es wegen der großen Menschenmenge besser sei, einen Dolch statt einen Degenstock, wie er ihn für das Attentat vorgesehen hatte, zu verwenden. Diesen kaufte er in der Stadt am Platz Am Hof, und mit ihm wollte er sich am 12. Oktober dem Kaiser nähern und ihn fragen: „Aurons nous la paix où non?“ (Geben Sie uns den Frieden oder nicht?) Wenn er keine oder eine abschlägige Antwort erhielte, wollte er ihn dem Kaiser ins Herz stoßen.

Die Konsequenzen

Friedrich Staps wurde am 13. und 14. Oktober vom Wiener Polizeikommissar Schulmeister vernommen, blieb dabei ruhig und stand zu seinen Aussagen. Am 15. Oktober wurde er vor eine Militärkommission gebracht, die Anklage lautete seltsamerweise auf Spionage. Vermutlich wollte man damit den Eindruck verwischen, dass es hier jemand gewagt hatte, dem Kaiser nach dem Leben zu trachten.

Nach einem eingehenden Verhör, in dem er unter anderem auch angab: „Ich wollte mir durch einen Mord einen guten Namen machen", bestätigte er nochmals alle Einzelheiten, die er bereits Napoleon erzählt hatte. Er sagte auch, er habe vor einiger Zeit von der schrecklichen Härte gelesen, mit der man gegen alle Verschwörer vorgehe, aber die Lektüre von Trauerspielen habe ihn gelehrt, den Tod zu verachten. Er habe erwartet, die Soldaten würden ihn an Ort und Stelle töten, und seine Leiden würden nicht groß sein. Das Gericht wollte erfahren, ob hinter dem Attentat eine größere Verschwörung stecke, und versuchte, ihn zu veranlassen, Mitschuldige zu nennen. Obwohl man ihm eine Begnadigung in Aussicht stellte, blieb Staps bei seiner Version, er allein habe den Kaiser töten wollen.

Die Schuldfrage wurde vom Gericht einstimmig mit Ja beantwortet, und Staps wurde zum Tod wegen Spionage verurteilt. Am Abend um sieben Uhr wurde ihm das Urteil vorgelesen, am nächsten Tag wurde es um neun Uhr morgens vollstreckt.

Napoleon gelang es für weitere drei Jahre, Europa uneingeschränkt zu beherrschen. Lokale Nebenschauplätze wie der spanische Aufstand oder der englische Kampf gegen die Kontinentalsperre konnten sein Herrschaftssystem in Europa, welches er durch die Vergabe zahlreicher Throne an Verwandte und Generäle abgesichert hatte, kaum erschüttern. Erst seine Niederlage 1812 im Krieg gegen Russland, wo ihn die Weite des Raumes und der harte Winter besiegten, ließ den Freiheitsfunken auch in Preußen und sogar in Österreich zünden, dem sich Napoleon zur Absicherung

seiner Dynastie 1810 durch Heirat mit der österreichischen Kaisertochter Marie Louise verbunden hatte.
In der Völkerschlacht bei Leipzig wurde er im Oktober 1813 entscheidend geschlagen, musste 1814 abdanken und ging als Altkaiser ins Exil nach Elba. Zwar konnte er angesichts der Uneinigkeit der Sieger 1815 noch einmal zurückkehren, doch blieb es bei einer „Herrschaft der 100 Tage". Bei Waterloo endete am 18. Juni 1815 eine der glänzendsten Laufbahnen, aber auch eine der härtesten Militärdiktaturen der Weltgeschichte.
Auf der Atlantikinsel St. Helena interniert, starb Napoleon I. am 5. Mai 1821. Seine Gebeine wurden 1840 in den Pariser Invalidendom überführt.
Napoleon schien das Attentat tief berührt zu haben. Der Gedanke, dass es eine einzelne Person gewagt hatte, ihn mitten unter seinen Soldaten anzugreifen, ließ ihn nicht mehr los, und er sah offenbar die Gefahr, die von solch einer Tat ausging, die seinen Nimbus und den Glauben an ihn als Übermenschen und als Weltbeherrscher zerstören konnte. Auch die Gefahr, die von Staps als Märtyrer für die eroberten Völker Europas ausgehen konnte, schien ihm bewusst gewesen zu sein, und er ließ in der Folge alle Nachrichten über das Attentat unterdrücken. Dennoch beschäftigte ihn dieser Vorfall sein Leben lang, denn noch im Exil auf St. Helena äußerte er: „Der Fanatiker von Schönbrunn war ein wahrhaft wütendes Tier, und man überließ ihn seinem Schicksal." Vielleicht war ihm bewusst geworden, dass er, obwohl umgeben von seiner Armee, auch von Millionen Feinden umgeben war – in einem fremden Land.
So ließ er sofort nach dem Attentat – noch am 12. Oktober – seinen Minister Champagny kommen und gab ihm den Auftrag, die stockenden Friedensverhandlungen mit Österreich schnell abzuschließen. „Ich will", sagte er, „dass sie sofort angeknüpft werden. Schließen Sie ab, ich wünsche Frieden. Lassen sie es auf eine Million mehr oder weniger, die ich von Österreich verlange, nicht ankommen. Geben Sie in diesem Punkt nach. Ich will der Sache ein Ende machen." Frankreich ermäßigte darauf seine Forderun-

gen nach Kriegsentschädigung von 100 Millionen auf 85 Millionen Gulden, und bereits am 14. Oktober – Staps wurde gerade vom Polizeimeister Schulmeister vernommen – konnte der Friede in Wien geschlossen und am nächsten Tag von Napoleon ratifiziert werden. Staps hatte Napoleon also noch vor seinem Tod zu dem Frieden veranlasst, den er eigentlich mit seinem Attentat erreichen wollte.

Staps' Eltern, die zuerst angenommen hatten, er sei zu den Soldaten gegangen, versuchten in den folgenden Jahren, Aufklärung über das Schicksal ihres Sohnes zu erlangen. Aber der von Napoleon über die Geschehnisse verordnete Mantel des Schweigens ließ nur die private Mitteilung des Generals Duroc zu, dass ihr Sohn erschossen worden sei. Statt eines Totenscheins erhielten sie den Bescheid, man spreche nicht gerne darüber, und es sei ratsamer, die Sache ruhen zu lassen.

Erst 1813 – das Ende der Herrschaft Napoleons in Sicht – wurde Staps zum deutschen Freiheitshelden verklärt. Am 29. Mai 1813 berichtete eine Nummer des „Volksboten" von August von Kotzebue unter dem Titel „Der deutsche Brutus" vom Attentat in Schönbrunn und vom Ende von Friedrich Staps. Bis 1830 versuchten seine Eltern vergeblich, einen offiziellen Totenschein zu bekommen. Erst in diesem Jahr erfolgten wegen eines Erbprozesses gerichtliche Nachforschungen über das Schicksal des Naumburger Pastorensohnes. Auf ein Ansuchen des Oberlandesgerichts Naumburg antwortete die k. k. Oberpolizeidirektion in Wien am 24. Oktober 1830: Die Erschießung des Friedrich Staps nächst dem Dorfe Fünfhaus in Wien sei eine bekannte Tatsache, urkundliche Belege ließen sich aber nicht erbringen. Die Untersuchungsakten seien nicht vorhanden, da das Kriegsgericht aus einer französischen Kommission bestanden habe, auch das Totenbuch der Pfarre enthielte keine Bemerkung.

Man stellte darauf in Wien weitere Ermittlungen an und fand tatsächlich noch drei Zeugen: den Hausbesitzer Joseph Zwirner, den Gärtner des Baron Arnstein, Franz Jelinek, und den Wiener Bürger Pankratius Ringloff, die sich an die Geschehnisse erinnern konnten. Danach habe man Staps nach dem Verhör durch den Kaiser in ein Arrestlokal gebracht, das man in der Obstkammer neben der Gärtnerwohnung des Arnstein'schen Hauses am Braunhirschengrund eingerichtet hatte. Nach drei bis vier Tagen fand in diesem Haus auch die Kriegsgerichtsverhandlung statt, am nächsten Morgen wurde Staps um neun Uhr von einer Schar Gendarmen auf das Feld hinter dem Karmeliterhof in Fünfhaus geführt, wo bereits württembergische Infanterie aufmarschiert war. Man hatte ihm die Daumen zusammengebunden, ein Grab war bereits ausgehoben worden. Staps musste sich auf die aufgeworfene Erde knien, ein Geistlicher war nicht zugegen. Nach der ersten Salve verharrte er in dieser Stellung, erst nach einer zweiten brach er zusammen und wurde sofort im Grab verscharrt, ohne dass man ihm die Daumen löste. Er sei vor seiner Hinrichtung ruhig, aber sehr blass gewesen. Seine angeblich letzten Worte, die General Rapp Napoleon überbrachte: „Es lebe die Freiheit, es lebe Deutschland! Tod seinem Tyrannen!", werden hier nicht überliefert.

Das Attentat und der Tod des Friedrich Staps entsprachen der Seele der deutschen Romantik: Ein einsamer und empfindsamer Jüngling steht auf gegen den Herrscher Europas, er will sein Leben opfern, um sein Vaterland und das Leben seiner Soldaten zu retten. Staps lebte in seinen Träumen und suchte den Tod, und gerade das machte ihn so gefährlich. Keine umfassende Verschwörung, kein penibel recherchierter Plan brachten ihn nur wenige Meter vor sein ausersehenes Opfer. Er entspricht dem vielleicht gefährlichsten Typus des Attentäters: ein Mann mit einer Waffe, einer Mission und der Vorstellung, einen romantischen Tod zu sterben. Ein Romantiker war Friedrich Staps allemal. Als man ihn nach dem Attentat untersuchte, fand man das Porträt seiner angebeteten Freundin in seinem Rock: ein Bild der von ihm verehrten Charlotte Bellmann, obwohl er weder ihr noch seinen Freunden jemals diese Leidenschaft eingestanden hatte. Und nachdem Staps bei der Verhandlung vor Gericht zugegeben hatte, er habe das Attentat auch unternommen, um sich einen Namen zu machen, war es vielleicht also doch so, wie Napoleon vermutet hatte, als er ausrief: „Es stecken die Weiber dahinter, die Weiber sind zu allem fähig."

Die Alternative

Nehmen wir an, Staps hätte sein Ziel erreicht: Er nähert sich dem Kaiser, sticht ihm sein Küchenmesser in die Brust, und Napoleon stirbt im Staub des Hofes von Schönbrunn. Hätte dieses Ereignis den Gang der Weltgeschichte verändert? Es ist anzunehmen, dass sich die Tat wie ein Lauffeuer in Europa verbreitet hätte. Kaiser Franz wäre unter diesen neuen Verhältnissen schnell von seinem Friedensangebot zurückgetreten und hätte den Krieg wieder begonnen. In ganz Europa wären Aufstände gegen die französische Herrschaft ausgebrochen, und wahrscheinlich hätten die französischen Armeen, verstreut über den ganzen Kontinent, das System kaum retten können. Ein gleichwertiger Nachfolger für den Kaiserthron stand Frankreich nicht zur Verfügung, also kann davon ausgegangen werden, dass es eine rasche Restauration in Frankreich gegeben hätte und das Kaiserreich wieder zu einer Monarchie unter Ludwig XVII. geworden wäre. Diesmal ohne das Intermezzo von Waterloo. Vielleicht hätte es trotzdem einen Wiener Kongress gegeben, der eine Neuordnung Europas brachte. Ab hier könnte die Geschichte wieder so verlaufen, wie wir sie kennen. Hätte es aber auch den deutschen Nationalismus gegeben, wäre Russland ohne die Erfahrungen des Krieges und des Brandes von Moskau 1812 so weit von den übrigen europäischen Völkern isoliert worden, wäre der Herzog von Wellington ohne Waterloo jemals so berühmt geworden? Eines hätte sich jedenfalls verändert. Friedrich Staps wäre, obwohl man ihn kurz nach der Tat hingerichtet hätte, zum deutschen Volkshelden aufgestiegen. So liegt er wahrscheinlich bis heute in einem unentdeckten Grab in Fünfhaus, und sein Name ist fast vergessen.

Der verschuldete Soldat

Franz Reindl und das Attentat auf König Ferdinand V. von Ungarn (9. August 1832)

Die Hintergründe

Napoleon hatte bis 1814 den europäischen Kontinent und das Mächtespiel beherrscht, nach seiner Vertreibung ging man daran, den Kontinent im Wiener Kongress neu zu ordnen. Österreich hatte seine Interessen, vertreten von Staatskanzler Fürst Metternich, in die Heilige Allianz mit Russland und Preußen eingebracht, eine Allianz, die besagte, dass Politik von nun an nach den Grundsätzen des Christentums betrieben werden sollte. Das bedeutete zugleich, dass, wenn sich die Politik an die Grundsätze der Religion hält, ihr Resultat von Gott gewollt ist. Jede Auflehnung, jeder Versuch einer Reform von außen waren daher gotteslästerliche Taten. Wenn aber die Politik, und diese wird vom Kaiser gemacht, gottgewollt ist, dann hat der Kaiser immer Recht und kann daher absolutistisch regieren.
Die Bürger beantworteten diese Politik mit einem Rückzug ins Private. Polizei und Zensur verhinderten in Österreich jede öffentliche Äußerung, alle politischen und sozialen Probleme wurden negiert. An der Oberfläche herrschte zwar das Biedermeier, für manche die „Backhendelzeit", darunter aber geriet Österreich immer mehr in Gefahr, den Anschluss an die europäische Politik, Wirtschaft und Industrie zu verlieren – getreu dem Motto des Hofrates Friedrich von Gentz: „Mit Maß und Ziel das Alte behaupten und den Strom der Zeit in einem geregelten Bette zu erhalten."
Dabei gärte es rund um Österreich, in Deutschland wurde die deutsche Einigung durch den immer wieder aufflackernden Nationalismus der Studenten, Burschenschaften und Turnvereine vor-

bereitet, und in Italien mussten die österreichischen Armeen marschieren, um die Revolutionen gegen Österreich und die italienischen Freiheitsbestrebungen niederzuschlagen.
1830 kam es zu Revolutionen in Paris und in Oberitalien, im nächsten Jahr auch zu Bauernaufständen in Oberungarn, die genauso wie die Freiheitsbestrebungen in Italien vom österreichischen Militär blutig unterdrückt wurden. Und in dieser Welt fuhr die kaiserliche Familie im Sommer 1832 nach Baden – zur Sommerfrische.

Das Opfer: Ferdinand V., König von Ungarn

Ferdinand war im Sommer 1832 gerade 39 Jahre alt geworden. Als dem ältesten Sohn von Kaiser Franz I. und der Maria Theresia, Prinzessin beider Sizilien, stand dem am 19. April 1793 Geborenen die Thronfolge zu – auch wenn es allen, die ihn näher kannten, klar war, dass er niemals die Rolle eines Herrschers über Österreich ausüben würde können. Von frühester Jugend an war er schwächlich und kränklich gewesen, Epileptiker und von minderen Geistesgaben, die eine umfassende Erziehung verhinderten. Die Bemerkungen und Tagebucheintragungen seiner Familienmitglieder sprechen hier eine deutliche Sprache, und selbst seinem eigenen Vater entfuhr ein „Gott's erbarm!", als er Ferdinand, der manchmal kaum gehen konnte, am Arm seiner Braut Maria Anna Carolina Pia, einer Tochter König Viktor Emanuels von Sardinien, 1831 zum Traualtar schreiten sah. Dabei hatte Ferdinand durchaus auch seine lichten Momente, in denen er sich für Münzen, die Botanik, technische Spielereien und besonders die Eisenbahn interessierte. Obwohl er manchmal boshafte Bemerkungen von sich geben konnte, soll er von ausgesprochener Güte gegenüber seinen Mitmenschen gewesen sein, was ihm im Volksmund den Beinamen „der Gütige" einbrachte, was wegen seiner Verwirrtheit allerdings oft zu „Gütinand der Ferdige" umgedreht wurde. Jedenfalls war er in keiner Weise zur Regentschaft geeignet. Erst ab 1829 zog man ihn zum Staatsrat bei, 1830 wurde er als Ferdinand V. zum

König von Ungarn gekrönt, nach dem Tod seines Vaters 1835 bestieg er als Ferdinand I. den Kaiserthron von Österreich. 1836 erhielt er die Krone von Böhmen und 1838 die der Lombardei. Bei dieser Gelegenheit vermerkte der deutsche Kulturhistoriker Jakob Burckhardt in seinem Tagebuch den Satz, dass die Italiener nun einem geistesschwachen Krüppel huldigen müssten.

Ferdinand I. von Österreich als König von Ungarn.

Selbst regierte Ferdinand nie. Ein Staatsrat, gebildet aus seinem Onkel Erzherzog Ludwig, seinem Bruder Erzherzog Franz Karl, Fürst Metternich und Graf Kolowrat, führte die Geschäfte bis zu seiner Abdankung in Olmütz am 2. Dezember 1848. Ferdinand zog sich dann völlig aus dem öffentlichen Leben zurück und starb 1875 in Prag.

Das Attentat

Baden bei Wien, etwa 30 Kilometer von der Haupt- und Residenzstadt entfernt, war die Sommerfrische des Biedermeier. Idyllisch am Ostabhang des Wienerwaldes und am Eingang zum Helenental gelegen, überragt von mittelalterlichen Burgen, umgeben von dunklen Wäldern und gesegnet mit seit der Römerzeit bekannten Heilquellen, bot das Städtchen allen romantischen Empfindungen der biedermeierlichen Seele Platz. Kaiser Franz hatte von 1796 bis 1799 und ab 1803 jährlich den Sommer hier verbracht, mit ihm kam der größte Teil des Hofes. Zahlreiche Wiener Bürger hatten sich hier angesiedelt, um den Sommer in der Nähe des Monarchen zu verbringen. Dieser konnte oft bei Spaziergängen gesehen wer-

den: Gekleidet wie ein einfacher Bürger im Gehrock durchstreifte er mit Familienmitgliedern die Parks und die Umgebung der Stadt.
Am 27. Juli 1832 reist auch der Thronfolger Ferdinand, zu diesem Zeitpunkt als Ferdinand V. bereits zum König der Ungarn gekrönt, mit seiner Gemahlin Maria Anna nach Baden. Die nächsten Tage durchlebt man ein Sommeridyll mit Festen, Empfängen und leichten Vergnügungen, ein ähnliches Programm ist auch für den 9. August vorgesehen.

Am Morgen dieses Tages besucht man wie alle Tage die Messe. Dann ist ein kleiner Ausflug zu Fuß in Richtung Helenental geplant, zu dem Ferdinand in Begleitung seines Dienstkämmerers, Feldmarschall und Ritter des Maria-Theresien-Ordens Rudolf Graf Salis-Zizers, aufbricht. Graf Salis-Zizers ist zu diesem Zeitpunkt bereits 53 Jahre alt, ein verdienter Soldat, der die Wiener Freiwilligen 1809 in der Schlacht von Ebelsberg gegen die Franzosen geführt hat. Man wandert die Bergstraße entlang – nichts ahnend verfolgt von dem ehemaligen Hauptmann der k. k. Armee, Franz Reindl. Als man das Ende der Bergstraße erreicht und gerade das Haus des berühmten Badener Arztes Anton Rollett passiert, holt Reindl gegenüber der kleinen Gruppe auf, zieht aus dem Mantel ein Terzerol, eine kleine, einläufige Pistole, und feuert von hinten auf den Thronfolger. Die Kugel trifft Ferdinand am Rücken, direkt unter dem linken Schulterblatt, bleibt aber im Futter des dick wattierten Überrockes stecken und verursacht nur eine leichte Prellung.

Der Knall des Schusses ruft drei Männer herbei, wobei der Erste, der die Situation überblickt, ein Bedienter einer Madame Rebekka Ephraim ist, die im Rollett'schen Haus zur Kur wohnt. Dieser Andreas Keller entreißt dem in der Nähe stehenden Weinhauer Josef Glaner eine Haue und greift Reindl damit an, der sich mit dem leer geschossenen Terzerol zu wehren sucht. Der Tumult erregt Aufsehen, und der Nächste, der herbeieilt, ist der bei Rollett beschäftigte Gärtnergehilfe Franz Tauscher, der auf den Attentäter losgeht, ihn von hinten anspringt und zu Boden wirft. Reindl, der nun keinen Ausweg zur Flucht mehr sieht, versucht sich selbst zu töten. Er zieht ein zweites Terzerol und schießt sich in den Mund, allerdings scheint die Pulverladung zu schwach gewesen zu sein, da die Kugel – ohne viel Schaden anzurichten – im Gaumen stekken bleibt. Reindl zieht nun ein drittes Terzerol und bedroht die Umstehenden, besonders Tauscher. Er drückt sogar ab, aber diesmal versagt die Pistole, die er fallen lässt. Nun versucht er, ein Stilett aus seinem Stiefel zu ziehen, doch Tauscher, Glaner und Keller überwältigen ihn und fesseln ihm die Hände mit dem Halstuch von Josef Glaner.

Unklar bleibt die Rolle Ferdinands und auch die seines Dienstkämmerers. Ferdinand befindet sich die gesamte Zeit in unmittelbarer Nähe des Tumultes und ruft den Kämpfenden zu: „Halts'n, bindts'n und bringt's ihn aufs Rathaus!", während Salis zitternd im Straßengraben steht.

Inzwischen haben sich mehrere Menschen am Schauplatz versammelt, und ein herbeigeeilter Fuhrmann übernimmt die Aufgabe, Franz Reindl auf ein Fuhrwerk zu setzen und ins Rathaus zu führen, wo mit ihm ein erstes Verhör angestellt wird.

Das Attentat auf Ferdinand V., König von Ungarn. Zeitgenössische Miniatur.

Ferdinand hingegen eilt ins „Kaiserhaus" am Hauptplatz in Baden, um seinem Vater Franz Bericht zu erstatten. Dieser äußert sich über das Attentat: „In meinen Ländern ist es das erste Mal, dass so etwas in meiner Familie geschieht. No! In Ungarn hat's schon einmal was gegeben! – Und mein Sohn, Sie kennen ihn eh', der hat gewiss keine Ursach dazu gegeben."

Der Attentäter: Franz Reindl

Schon bei den ersten Verhören stellte sich heraus, dass das Attentat auf Ferdinand kaum als politische Aktion gewertet werden konnte, sondern ein Anschlag aus persönlicher Enttäuschung und verwirrter Rachsucht war.
Reindl war ein altgedienter Soldat und zum Zeitpunkt des Anschlages 45 Jahre alt. Er war 1787 in Prag als unehelicher Sohn des Hauptmannes Franz Baron Ledebour und der Maria Reindl geboren worden. 1806 hatte man den 19-Jährigen als Kadetten ins Feldartillerieregiment Nr. 1 gesteckt. Sein Cursus Honorum war schnell – wie in Kriegszeiten üblich: 1806 begann er als Feuerwerker beim Bombardierkorps, 1809 wurde er Fähnrich beim Infanterieregiment Nr. 3, wo er im nächsten Jahr auch zum Unterleutnant avancierte. Im September 1813 wurde er beim Feldjägerbataillon Nr. 2 zum Oberleutnant, im April 1814 Kapitänleutnant beim Infanterieregiment Nr. 47 und 1822 dann Hauptmann im Feldjägerbataillon Nr. 4. Er hatte eine Reihe von Feldzügen mitgemacht: 1809, 1813, 1814, 1815 war er gegen Napoleon in den Krieg gezogen, und 1821 hatte er den Zug gegen Neapel mitgemacht. In seiner Conduite, der Dienstbeschreibung, finden sich Belobigungen und Worte, die ihn als „tapferen und unternehmungslustigen Offizier" charakterisieren.
Aufgrund disziplinärer Schwierigkeiten wechselte er 1824 in das Infanterieregiment Nr. 9 und 1827 in das Infanterieregiment Nr. 41, allerdings brachte es seine Liebe zum Alkohol mit sich, dass seine Dienstbeschreibungen nun schlechter wurden und keine weiteren Beförderungen mehr erfolgten. Am 1. Oktober 1828

zwang man ihn aus den oben genannten Gründen, seinen Abschied zu nehmen, wobei ihm ein Aufenthalt oder eine Ansiedlung in Wien verboten wurde. Reindl erhielt zwar eine kleine Pension, mit der er aber kaum auskam. Als seine Frau Katharina, die er 1820 geheiratet hatte, starb, verschuldete er sich immer höher. In seiner Not wandte er sich immer wieder an Ferdinand mit der Bitte um Geld, das er auch erhielt. 1832 trat er nochmals an Ferdinand mit der Forderung um die Summe von 900 Gulden heran, bekam aber im Gnadenwege nur 100 Gulden. Diese vermeintliche Ungerechtigkeit ergrimmte ihn derart, dass er den Plan zum Attentat fasste und dieses auch ausführte.

Die Konsequenzen

Reindl wurde nach dem Attentat im Rathaus in Baden verhört, bald stellte sich aber heraus, dass es sich um keine Verschwörung gegen das Kaiserhaus handelte, sondern dass persönliche Motive den Attentäter zum Mordversuch bewogen hatten. Am Nachmittag überstellte man ihn an das Wiener Militärgericht. Bei der Überstellung kam es zu tumultuösen Szenen entlang der Strecke, und in Wiener Neudorf konnte die Bevölkerung – die Kunde vom Badener Attentat hatte sich rasch verbreitet – nur mit Mühe von der Eskorte zurückgehalten werden. Reindl wurde in Wien bis zum 27. August verhört, bis man ganz sicher war, dass er kein Vorbote einer Revolution und kein Gesandter der italienischen Carbonari war.

Am 1. September wurde er vor Gericht gestellt und zu lebenslänglicher Festungshaft in schwerem Eisen unter gleichzeitiger Kassierung seines militärischen Ranges verurteilt. Reindl verdankte sein Leben der Intervention Ferdinands, der, eben eine Güte von einem Menschen, sich gegen das Todesurteil ausgesprochen hatte und auch für die Erziehung von Reindls Sohn mit den Worten: „Ich tu nur meine Schuldigkeit", sorgte.

Reindl kam in die Festung von Munkacs, deren Kasematten als berüchtigte Gefängnisse galten, und überlebte dort unter unvor-

stellbaren Bedingungen noch 15 Jahre. Er starb 1847 und wurde am Festungsfriedhof von Munkacs begraben.
Franz Tauscher, dem man das Hauptverdienst an der Errettung Ferdinands zuschrieb, wurde mit einer Leiblakaienstelle belohnt und reichlich beschenkt, er starb 1869 als kaiserlicher Hof- und Saalkammerdiener in Wien. Keller, Glaner und der Kutscher Bernscherer bekamen ebenfalls Geldgeschenke. Feldmarschall Salis-Zizers wurde am 20. August 1832 mit einem Handschreiben Kaiser Franz' I. wegen „seiner ausgezeichneten Art, mit der er sich beim Angriff benahm, und wegen seiner sonstigen hervorragenden Dienstleistungen" das Komturkreuz des Leopoldsordens verliehen.
Im Anschluss an das Attentat kam es im ganzen Reich zu Dankgottesdiensten, Volksfesten und Freudenkundgebungen. Der Magistrat der Stadt Wien reiste nach Baden, um den Abscheu der Wiener Bevölkerung über das Attentat bei Kaiser Franz kundzutun. Die Stadt Baden ließ auf ihre Kosten im Jahr 1833 den Ferdinandsbrunnen errichten. Aber auch diese Geste konnte nicht verhindern, dass die kaiserliche Familie, die am 11. September 1832 aus Baden abgereist war, niemals wieder zur Sommerfrische zurückkehrte. Baden geriet für die nächsten Jahre aus der Mode, erst nach 1848 wurde die kleine Stadt als Ferienort der Wiener Bürger wieder entdeckt. Ferdinands Psyche wurde – obwohl zunächst nicht erkennbar – offenbar durch das Attentat weiter nachhaltig geschädigt, er verfiel in eine lang andauernde Depression und trat erst wieder zu seiner Kaiserkrönung am 2. März 1835 ins Blickfeld der Öffentlichkeit.

Die Alternative

Wäre Ferdinand am 9. August 1832 in Baden den Schüssen Reindls erlegen, so hätte dies für Österreich vermutlich weit reichende Konsequenzen gehabt. Da Ferdinands Ehe kinderlos war, wäre der zweite Sohn von Kaiser Franz I., der 1802 geborene Franz Karl, Erzherzog von Österreich, Thronfolger geworden. Dieser, verheiratet mit der ihm an geistigen und politischen Gaben weit überlegenen bayrischen Prinzessin Sophie, wäre nach dem Tod von Franz I. 1835 ein typischer Biedermeierkaiser geworden. Die Staatsgeschäfte hätten wohl Metternich und Sophie weitergeführt, während sich Franz Karl weiterhin um die Armenwohlfahrt, die Wissenschaft und um humanitäre Vereine gekümmert hätte. Es ist kaum glaubhaft, dass er es verstanden hätte, jene Reformen durchzusetzen, die Österreich das Revolutionsjahr 1848 erspart hätten, vermutlich wäre er bald vor demselben Dilemma gestanden wie Ferdinand. Es ist durchaus denkbar, dass auch Franz Karl unter dem Druck seiner energischen Gattin Sophie zugunsten seines Sohnes Franz Joseph 1848 abgedankt hätte, worauf die Geschichte wieder in die uns bekannten Bahnen eingeschwenkt wäre.

Wäre Franz Karl allerdings bis zu seinem Todesjahr 1878 Kaiser von Österreich geblieben und hätte er in jener Art und Weise regiert, wie es seinem überlieferten Naturell entsprach, dann wäre es für ihn notwendig gewesen, weit mehr auf seine Ratgeber zu achten, die ihm in der Regierung des Reiches geholfen hätten, statt einen absolutistischen Kurs wie sein Sohn zu verfolgen. Wer weiß, ob dies dann nicht doch zu jenen Reformen geführt hätte, die den Erhalt der k. u. k. Monarchie über das Jahr 1918 hinaus möglich gemacht hätten. Franz Joseph wäre dann erst 1878 im Alter von 48 Jahren an die Macht gekommen, seelisch vielleicht gefestigter als 1848. Er hätte vermutlich eine andere Prinzessin als die bayrische Elisabeth geheiratet und wäre von den Unglücksfällen seines Lebens, die ihn als Mensch und Herrscher prägten, verschont geblieben. Es ist natürlich kaum nachvollziehbar, welche persönliche und politische Entwicklung er im Schatten eines regierenden Vaters eingeschlagen hätte – ein 68 Jahre andauerndes franziskojosephinisches Zeitalter mit all seinen Tiefen in der Politik und seinen Höhen in der Kunst hätte es in der uns bekannten Form nicht gegeben.

Die Sündenböcke

Wangler, Jurkowitz, Brambosch und das Attentat auf Kriegsminister Theodor Graf Baillet-Latour (6. Oktober 1848)

Das Umfeld

Das Biedermeier in Österreich ging mit der Wiener Revolution abrupt zu Ende. Seit März 1848 hatten sich die politischen Verhältnisse immer weiter verschlechtert. Angefangen hatte alles mit einer Rede von Lajos Kossuth im ungarischen Reichstag in Preßburg über die Staatsschulden, worauf ein Bankensturm erfolgte. Darauf folgte eine Petition des Gewerbevereins, dann eine des Bürgervereins und der Studenten, und alle forderten endlich Liberalität, Schluss zu machen mit der Zensur, dem Absolutismus, der Herrschaft der Greise um Metternich. Am 13. März eskalierte die Situation in Wien: Adolf Fischhof, ein junger ungarischer Arzt, hielt vor einer großen Menschenmenge in der Herrengasse vor dem Landhaus eine Rede, in der neue Töne angeschlagen wurden. Pressefreiheit, Religionsfreiheit, Lehr- und Lernfreiheit wurden gefordert, Minister sollten verantwortlich für ihre Handlungen sein, Volksvertretung und Volksbewaffnung wurden gefordert – und ein Anschluss an Deutschland. Als die Situation eskalierte, rückten Grenadiere heran und feuerten in die Menge, Kürassiere ritten durch die Stadt und schlugen mit ihren Säbeln nach Flüchtigen, die Proletarier der Vorstädte versuchten, in die Stadt zu gelangen, und als es ihnen nicht gelang, verwüsteten sie die Vorstädte. Als die Dynastie zu stürzen drohte, ließ sie Fürst Wenzel Metternich – ihre Stütze in den letzten 30 Jahren – fallen, der noch in der Nacht aus Wien fliehen musste. Dann legte die Revolution eine kurze Ruhepause ein, zu Ende war sie noch nicht.

Weitere Aufstände drohten. In der Lombardei und in Böhmenbrachen nationale Revolutionen aus, die mühsam und blutig vom Militär niedergeschlagen wurden. Aber auch eine neue Verfassung, die „oktroyiert", also aufgezwungen wurde, konnte den revolutionären Drang der Wiener nicht mehr bremsen, im Mai erneuerte sich in Wien der Aufstand mit dem Bau von Barrikaden, der Hof zog sich nach Innsbruck zurück. Kaiser Ferdinand, nie ein großes Geisteskind, war gelähmt von den Ereignissen, und Österreich wurde von den Generälen, dem Reichstag in Wien und der Erzherzogin Sophie in Innsbruck regiert, ehe der Kaiser nach Schönbrunn zurückkehrte. Die Wiener Reichstagsabgeordneten trafen sich am 6. September mit ihren Kollegen vom ungarischen Reichstag in Wien. Sie forderten die Wiener zur Unterstützung ihrer Revolution auf, während sich der Banus von Kroatien, Joseph Jellačić mit einem Heer von 40.000 Mann auf den Weg nach Budapest machte, um die Ordnung in der Stadt wieder herzustellen. In Ungarn aber wurde am 28. September Franz Graf Lamberg, der vom Kaiser ernannte Paladin, auf der Kettenbrücke, welche die beiden Stadtteile Ofen und Pest verband, ermordet. Das war die Kriegsansage der Radikalen an das Haus Habsburg. Am 3. Oktober wurde der ungarische Reichstag für aufgelöst erklärt, es herrschte Krieg zwischen Österreich und Ungarn. Am folgenden Tag erschienen im „Studenten-Courier" die prophetischen Zeilen: „Weil die Herren vom bess'ren Blut – Die neue Zeit nicht lernen – So hängt die Herren kurz und gut – Hoch, hoch an die Laternen."

Das Opfer: Theodor Graf Baillet-Latour

Der Kriegsminister entstammte einem Geschlecht aus den österreichischen Niederlanden, das noch vor der Französischen Revolution nach Österreich emigriert war. Ursprünglich war die Familie aus Burgund gekommen und hatte ihren Namen von dem 1719 zur Grafschaft erhobenen Majorat Latour in Luxemburg entlehnt. Schon Theodors Vater war 1805 Präsident des Hofkriegsrates gewesen, von den Wienern respektlos als „Alte Kriegstrommel" bezeichnet. Der Sohn, geboren 1780 in Linz, diente sein Leben lang

Theodor Graf Baillet-Latour.

in der k. k. Armee, er zeichnete sich in den Napoleonischen Kriegen aus, wurde 1815 General und 1846 Feldzeugmeister. 1848 übernahm er nach heftigem Widerstand und gegen seinen Willen das Kriegsministerium in einer ansonst durchaus liberalen Regierung. Er konnte sich sogleich bewähren, indem es ihm gelang, die Armee Radetzkys in höchster Not in Italien zu versorgen.

Das Attentat

Nach der Auflösung des Reichstages und mit dem von Süden nach Ungarn vorstoßenden Jellačić wird es den Wiener Militärs und allen voran dem Kriegsminister Latour klar, dass man Ungarn auch von Westen her, entlang der Donau, angreifen muss. Dazu wird am 4. Oktober ein Bataillon italienischer Grenadiere ohne Probleme in Wien einwaggoniert und nach Preßburg in Marsch gesetzt. Am 6. Oktober soll ihm das Grenadierbataillon Richter, bestehend aus drei Kompanien, deren Soldaten aus Salzburg, Linz und St. Pölten stammen, folgen. Am Abend zuvor wurden die Grenadiere von den Wienern mit Wein und Damen traktiert und moralisch bearbeitet, sich nicht für einen Kampf gegen die Ungarn verwenden zu lassen. Als sie am nächsten Morgen von ihrer Kaserne in Gumpendorf bis zum Wiener Nordbahnhof marschieren, wird der Zug von zahlreichen Wienern begleitet, welche die Soldaten zur Desertion aufrufen. Dennoch bleibt die Truppe zusammen, kann aber nicht einwaggoniert werden, da in der Nacht die Arbeiter die Geleise und Telegrafenmasten zerstört haben. Inzwischen ist die Akademische Legion am Bahnhof eingetroffen, und auch die Wiener Nationalgarde beteiligt sich am Tumult. Plötzlich fällt ein Schuss, und Generalmajor Bredy, der das Bataillon Nassau befehligt, das ebenfalls nach Ungarn abgehen soll, fällt tot vom Pferd. Nun führerlos, lösen sich die Truppen auf. Zahlreiche Soldaten rücken loyal

Die Ermordung des Kriegsministers Theodor Graf Baillet-Latour am 6. Oktober 1848 am Platz Am Hof.

wieder in die Kasernen ein, ein Teil aber zieht mit den Revolutionären in die Innenstadt. Dort kommt es vor dem und im Stephansdom zu Kämpfen zwischen dem revolutionären und dem regierungstreuen Flügel der Nationalgarde, die sogar bis vor den Hochaltar geführt werden, wobei ein revolutionärer Nationalgardist im Dom getötet wird. 15 Menschen finden bei den Kämpfen den Tod, 95 werden verwundet. Dann versucht eine Truppe von Pionieren, die Kriegsminister Latour gegen die Aufständischen geschickt hat, die Revolutionäre am Graben aufzuhalten, muss aber fliehen und das in Stellung gebrachte Geschütz zurücklassen.

Das neue Ziel der Revolutionäre ist der Platz Am Hof und dort das im ehemaligen Jesuitenkolleg untergebrachte Kriegsministerium. Latour, der die Masse heranziehen sieht, widerruft den Schussbefehl an die das Gebäude bewachenden Grenadiere, zieht sie in die Höfe zurück und will zur aufgeputschten Menge von der Treppe aus sprechen. Unter dem Schutz eines Nationalgardeoffiziers begibt er sich in den Hof des Kriegsministeriums, doch kaum erblickt ihn die Menge, stürmt sie auf ihn los. Der Hut fliegt ihm vom Kopf, Schläge prasseln auf ihn nieder, gegen die er sich mit den Händen zu wehren versucht. Dann trifft ihn ein Hieb mit einem Hammer am Kopf, quer über das Gesicht bekommt er einen Säbelhieb, und ein weiterer Mann durchbohrt ihm mit einem Bajonett die Brust.

Man schleift den Leichnam auf den Platz, wo man ihn mit einer Schnur an das Fenstergitter bindet und nicht aufhört, nach ihm zu schlagen und zu stechen. Nach zehn Minuten reißt die Schnur, und die Revolutionäre schleifen den Toten nun zum nächsten Gaskandelaber, an dem man ihn wieder aufknüpft. Der Pöbel hat aber noch immer nicht genug: „Sie stachen und schossen nach ihm, er fiel hinab, sie rissen ihm die Kleider vom Leibe und schändeten den Leichnam auf eine unerhört kannibalische Weise, indem sie ihn, entkleidet wie er war, verspotteten, verhöhnten und damit alle Gräuel verübten; sie tauchten ihre Sacktücher in sein Blut und sprangen jubelnd umher."

Latour wird nochmals an den Kandelaber gehängt: „... anfangs hing er hier in Frack und Bluse, dann im Hemde, Unterkleidern und Socken, endlich ganz nackend bis spät in die Nacht." Erst nachdem sich die Menge – lange nach Mitternacht und nachdem sie das Zeughaus in der Renngasse gestürmt hat – auflöst, gelingt es, den Grafen zu bergen und ihm ein Grab zu geben.

Die Attentäter

Es war nie mit Sicherheit feststellbar, wer nun wirklich Hand an den Grafen Latour legte. Dennoch war es dem Staat sofort nach der Niederschlagung der Wiener Revolution eines der wichtigsten Anliegen, festzustellen, wer die Mörder des Kriegsministers gewesen waren. Da es natürlich angesichts der tausendköpfigen Menge kaum möglich war, tatsächlich zu eruieren, wer was zu welchem

Die Hinrichtung der Mörder Latours am 20. März 1849.

Augenblick getan hatte, beschloss man, nach guter Wiener Sitte der Vernaderei zu vertrauen, und setzte hohe Belohnungen für die Namen jener drei Männer aus, die den Hammer, den Säbel und das Bajonett geführt hatten. Und so kam man auf die Namen Wangler, Jurkowitz und Brambosch. Die drei Männer wurden nach einem kurzen, summarischen Prozess, bei dem man ihnen die Ausführung der Tat kaum nachweisen konnte, am 20. März 1849 am Glacis zwischen Neutor und Schottentor am Würgegalgen hingerichtet. Auch nach der Hinrichtung wollten die Gerüchte nicht verstummen, dass die wahren Mörder Latours verkleidete italienische oder ungarische Agenten gewesen seien, die die Sendung von Truppen verhindern wollten. Das Militärgericht konstruierte als Ergebnis seiner Recherchen ein Komplott von Akademischer Legion, Demokratischem Verein und Mitgliedern des Reichstages, und diese Verschwörungstheorie wurde auch zahlreichen Abgeordneten des ehemaligen Reichtages zum Verhängnis, die darauf angeklagt wurden. So auch der Bauernbefreier Hans Kudlich, der – inzwischen längst nach Amerika geflohen – beschuldigt wurde, an der Verschwörung beteiligt gewesen zu sein. Er wurde in Abwesenheit zum Tod verurteilt.

Die Konsequenzen

Dem Kaiserhof wurde mit der Ermordung Latours klar, dass auch die eigene Sicherheit in der Hofburg und in Schönbrunn nicht mehr gewährleistet war, man hatte hier zu sehr das Beispiel Ludwigs XVI. vor Augen, dem es nicht mehr gelungen war, das revolutionäre Paris rechtzeitig zu verlassen. Auch die Berater des Kaisers mussten zugeben, dass an Verhandlungen mit den Aufständischen nicht mehr zu denken war, zumal die Radikalen nun das Sagen hatten. Der Mord an Latour brachte die Entscheidung des Hofes, das Problem Wien mit Waffengewalt zu lösen.

Bereits am 7. Oktober verließen der Kaiser und mit ihm auch sein Neffe Franz Joseph die Stadt und reisten in den Norden nach Olmütz. Mit ihnen verließen 20.000 Wiener die Stadt, ebenso ein

Teil der Reichstagsabgeordneten, die erst wieder im November in Kremsier zusammentreten würden. Das in Wien zurückbleibende Rumpfparlament stellte sich hinter die Revolution, ein Gemeinderat wurde gebildet und befahl die allgemeine Volksbewaffnung, eine Mobilgarde wurde aufgestellt. Es war den Revolutionären in Wien klar, dass es zum Kampf mit den kaiserlichen Truppen kommen würde – nach dem Mord an Latour gab es für beide Seiten kein Zurück mehr. Der Kampf war ungleich und hart, am 31. Oktober 1848 konnten die Truppen des Fürsten Windischgrätz und die Serrassaner des Banus Jellačić in das stark zerstörte Wien einziehen – die Revolution war zu Ende.

Die Alternative

Die Ermordung Latours hatte eine wesentliche Zäsur dargestellt. Bis zu diesem Moment konnte man noch miteinander reden. Doch der Tod des Kriegsministers, von der radikalen Presse als „gerechte Strafe für einen Volksverräter" dargestellt, war eine schwere Belastung für die Legitimität der Revolution und gemahnte die Kaiserlichen schon zu sehr an eine „Republik" nach dem Muster der Französischen Revolution. Die „gemütliche Anarchie der Revolution", an die viele Wiener zuerst noch glauben wollten, gab es nach dem „Laternisieren" des Kriegsministers nicht mehr.

Dennoch: Hätte es den 6. Oktober 1848 nicht gegeben, so hätte die Revolution nur etwas länger gedauert, das Ende wäre das Gleiche gewesen. Irgendwann hätten die Habsburger die Entscheidung treffen müssen, die Revolution in Wien gewaltsam zu beenden. Die Ermordung Latours machte es für sie nur einfacher, mit der nötigen Brutalität vorzugehen. Wäre Latour am 6. Oktober am Leben geblieben, hätte das am Ausgang der Geschichte der Wiener Revolution von 1848 nichts geändert.

Der Revolutionär

János Libényi und das Attentat auf Kaiser Franz Joseph I. (18. Februar 1853)

Die Hintergründe

Die Regentschaft des jungen Kaisers Franz Joseph, er war bei seiner Thronbesteigung am 2. Dezember 1848 gerade 18 Jahre alt, entstand aus der Not der Revolution in Wien. Am 1. November hatte Fürst Windischgrätz die k. k. Haupt- und Residenzstadt den Habsburgern zurückerobert und dem Aufstand ein blutiges Ende bereitet. Der Thronwechsel vom beschränkten Ferdinand I. zum jungen Franz Joseph sollte den Völkern der Donaumonarchie das Ende einer alten und den Beginn einer neuen Ära signalisieren. Doch die Ungarn dachten gar nicht daran, dem „rothosigen Leutnant" die Ehre zu erweisen. Am 8. Dezember beschloss der Reichstag in Budapest, den Thronwechsel nicht anzuerkennen. Zwar konnte der kroatische Banus Jellačić am 5. Jänner 1849 Budapest für die Kaiserlichen zurückgewinnen, zwar konnte Radetzky die piemontesische Armee am 23. März 1849 in Novara vernichtend schlagen und Österreich so aus einem drohenden Zweifrontenkrieg befreien, dann aber fügte der ungarische General Arthur Görgey den kaiserlichen Truppen im April 1849 empfindliche Niederlagen zu, und Budapest fiel wieder in die Hände der Ungarn. Am 14. April erklärte der ungarische Reichstag in Debrecen Ungarn als unabhängigen Staat und setzte das Haus Österreich ab. Franz Joseph konnte sich zwar weiterhin König von Ungarn nennen, die ungarische Republik des Lajos Kossuth war aber, zumindest für kurze Zeit, eine Realität.

Franz Joseph holte sich nun Hilfe: In Warschau schmiedete er eine Allianz mit Zar Nikolaus von Russland, und ab Juni 1849 marschierten die russischen und österreichischen Truppen in Ungarn ein. Görgey wurde zuerst bei Debrecen und dann bei Temesvar geschlagen und ergab sich schließlich bei Arad den Russen, die alle Generäle und maßgeblichen Politiker an die Österreicher auslieferten. Die Rache der Sieger war fürchterlich: 13 Generäle und sechs Zivilisten wurden im Oktober 1849 zu den Klängen des Kaiserliedes gehenkt bzw. erschossen, Ungarn kam unter die brutale Militärverwaltung des Generals Haynau. Der Aufstand war niedergeschlagen, die Führer geflohen, die Ungarn aber sollten das blutige Jahr 1849 noch lange im Gedächtnis behalten.

Das Opfer: Kaiser Franz Joseph I.

Franz Joseph, in seiner Jugend allgemein „Franzl" gerufen, das Joseph fügte er erst ab 1848 seinem Namen bei, um an den Volkskaiser Joseph II. anzuknüpfen, wurde am 18. August 1830 als Sohn von Franz Karl, dem jüngeren Bruder Kaiser Ferdinands, und der Prinzessin Sophie von Bayern geboren. Sein Vater war ein bequemer und schwacher Mensch, Kunst, Wissenschaft und wohltätigen Vereinen zugetan. Es war ihm klar, dass immer sein Bruder Ferdinand trotz seiner schwachen Geistesgaben herrschen würde und niemals er. Anders die Mutter, Prinzessin Sophie von Bayern, streng, intelligent, ein durch und durch politischer Kopf und extrem ehrgeizig. Als es mit der Zeit Gewissheit wurde, dass Ferdinands Ehe kinderlos bleiben würde, fasste sie den Plan, nicht ihren schwachen Mann, sondern ihren ältesten Sohn Franz auf den österreichischen Kaiserthron zu bringen. Das Revolutionsjahr 1848 gab ihr die Gelegenheit, die sie ergriff, als sie ihren Mann zum Thronverzicht überredete und ihren Sohn zum Kaiser machte. Franz wurde streng und vor allem militärisch erzogen, er lernte fünf Sprachen und den Dienst in den Hauptwaffengattungen Infanterie, Kavallerie, Artillerie und Pionierdienst. Franz Joseph sah sich als Erfüller der ihm auferlegten Pflichten: „Der Mensch ruhe nie aus Trägheit, sondern nütze die Zeit, sie ist sein kostbarstes Gut", schrieb er einmal in sein Kalligraphieheft.

Den Beginn der Revolution von 1848 erlebte der junge Erzherzog in Wien, ehe er im April zur italienischen Armee des Feldmarschalls Radetzky abging. Nach einer kurzen Zeit in Innsbruck erlebte er den blutigen 6. Oktober in Schloss Schönbrunn, bevor er mit dem gesamten kaiserlichen Hofstaat nach Olmütz floh, wo man ihn dann zum Kaiser machte.
Die ersten Jahre seiner Regierung waren keine glücklichen: Die Wiener, deren Stadt er unter Kriegsrecht hielt, liebten ihn nicht, die Ungarn hassten ihn so sehr, dass er selbst 1852 bei einer Reise durch Ungarn nur auf eisige Höflichkeit stieß. Sein Regierungsstil – der Neoabsolutismus – brachte keinen Fortschritt für Österreich, und im Jahr 1853 war der 23-Jährige zwar anerkannt, aber bei weitem noch nicht die Symbolfigur der k. k. Monarchie, die er in seinen späten Jahren so sehr verkörpern sollte.

Das Attentat

1853 stehen rund um Wien noch die Mauern und Basteien der Wälle, die 1683 den Türken getrotzt hatten. Die Mauern haben keine Verteidigungsfunktion mehr, sind aber ein beliebter Spazierweg der Wiener, die von hier aus auf die Vorstädte und das bepflanzte Glacis hinabblicken können. Auf der Kärntnertorbastei, nahe dem Palais des Erzherzogs Albrecht, der heutigen Albertina, ist die Mauer mit einer Allee junger Bäume bepflanzt, zwischen denen Bänke aufgestellt sind. Gegen Mittag des 18. Februar 1853 erscheint hier Franz Joseph in Begleitung des Dienst habenden Flügeladjutanten, des irischen Grafen Maximilian O'Donell. Man hat die Stadtmauer beim Rotenturmtor bestiegen und ist ihrem Verlauf bis zur Kärntnertorbastei gefolgt. Hier erregt Trommelwirbel, der vom Glacis heraufklingt, das Interesse der beiden Herren, und sie beugen sich über die Brüstung, um den am Glacis exerzierenden Einheiten zuzusehen.
Dies ist der Moment, auf den der Attentäter, der 21-jährige ungarische Schneider János Libényi, seit Tagen gewartet hat. Er zieht aus der Brusttasche seines Rockes, in die er extra eine Schleife zum

Das Attentat Johann Libénys am 18. Februar 1853 auf Kaiser Franz Joseph I.

Tragen des Messers eingenäht hat, ein zehn Zoll langes und an der Spitze scharf geschliffenes Messer und führt einen Stoß gegen Nacken und Kopf des Kaisers. Dieser, durch den Aufschrei einer in der Nähe stehenden Frau alarmiert, wendet den Kopf, sodass das Messer am Hinterhaupt abgleitet, wobei sich durch die Wucht des Stoßes die Klinge fast einen Zoll lang umbiegt. Franz Joseph bekommt im ersten Moment gar nicht mit, was passiert, und glaubt, wie er später angibt, dass hinter seinem Rücken eine Pistole abgefeuert worden sei. Libényi versucht nun ein zweites Mal zuzustechen, aber inzwischen hat O'Donell die Situation erfasst, zieht seinen Säbel und stürzt sich auf den Attentäter, der den ersten Hieb mit der Hand abwehrt, indem er an die Klinge fasst und sich in die Hand schneidet. Dennoch gibt er nicht auf, und es entsteht eine wilde Rangelei. Eine Reihe von Personen steht nur wenige Meter von den beiden entfernt und sieht zu. Einer aber, der Wiener Bürger, Hausbesitzer und Fleischermeister Joseph Ettenreich, kommt dem Adjutanten nun zu Hilfe, traktiert den Attentäter mit Schlägen und ringt ihn zu Boden, wobei er ihn mit Schlägen so sehr eindeckt, dass ihn der Kaiser auffordert: „Schlagen Sie ihn doch nicht."

Franz Joseph bekommt nun von einer gewissen Frau Englisch ein Tuch gereicht, das er auf die Wunde presst, und da diese stark blutet, nimmt er auch noch sein Sacktuch zu Hilfe und begibt sich zum Palais des Erzherzogs Albrecht. Ettenreich bleibt allein mit Libényi zurück, erst nach zehn Minuten trifft die alarmierte Wache ein. Ettenreich hat diese Zeit, die ihm wie eine Ewigkeit vorgekommen sein muss, so beschrieben: „Aug in Aug hab ich ihm geschaut. Wir haben uns verstanden, er hat gewusst, wenn er mich nicht abschüttelt, so ist das sein Tod, und die Todesangst hat ihn stark gemacht. Ich hab geglaubt, dass ich ihn nimmer halte, bis die Wache kommt. Mehr als zehn Minuten hab ich ihn gebändigt, es ist mir wie eine Ewigkeit vorgekommen." Die Wache nimmt nun den resignierenden Ungarn in Gewahrsam und eskortiert ihn mit zwölf Mann in die k. k. Oberpolizeidirektion, wobei dieser sich durch die Rufe „Eljen Kossuth!" als Anhänger der ungarischen Revolution von 1849 zu erkennen gibt.

Inzwischen kümmern sich Ärzte um Franz Joseph, dessen ein Zoll lange und klaffende Wunde zunächst von O'Donell – man glaubt, der Dolch könnte vergiftet gewesen sein – ausgesaugt wird. Der Kaiser wird verbunden, und man kümmert sich um die Danksagungen des Volkes, am Abend wird ein feierliches Tedeum in St. Stephan gelesen, die Stadt wird illuminiert und aus allen Teilen des Reiches langen Depeschen zur Genesung des Kaisers ein. Da man befürchtet, das Attentat sei die Tat einer revolutionären Gruppe, die auf einen Umsturz hinarbeiten könnte, werden für Wien verschärfte Sicherheitsvorkehrungen getroffen. Die Linientore werden gesperrt, die Bahnhöfe militärisch besetzt, die Identi-

tät sämtlicher in Gasthöfen abgestiegener Fremder überprüft, die Truppen der Wiener Garnison in Alarmzustand versetzt und zwei Batterien Artillerie nach Wien verlegt.
Nach mehrtägigem Wundfieber hat der Kaiser am 27. Februar die Krise überwunden, am 7. März erscheint er erstmals wieder in der Öffentlichkeit, und am 12. März erfolgt ein offizieller Dankgottesdienst in St. Stephan. Zu diesem Zeitpunkt ist János Libényi bereits zwei Wochen tot.

Der Täter: János Libényi

János Libényi wurde am 8. Dezember 1831 in Csakvar, Komitat Stuhlweißenburg, als Sohn eines Schneidermeisters und Hausbesitzers geboren. Er erlernte das Handwerk eines Schneiders und geriet ab 1850 in ungarisch-nationalistische Kreise. 1851 kam Libényi nach Wien und hatte auch hier Freunde in antimonarchistischen Zirkeln. Nachdem sich seine Hoffnung, Kaiser Franz Joseph könnte während seines Besuches in Ungarn 1852 einem Anschlag zum Opfer fallen, nicht erfüllt hatte, kaufte er Ende Dezember bei einem Schleifer in der Leopoldstadt ein Messer und machte sich in der Folge mit den Gewohnheiten Franz Josephs vertraut, der öfters um die Mittagszeit einen Spaziergang auf den Basteien zu unternehmen pflegte. An manchen Tagen, so auch am 18. Februar 1853, verließ Libényi schon zu Mittag seinen Arbeitsplatz und wartete an verschiedenen Stellen der Befestigungen, bis ihm auf der Kärntnertorbastei der Kaiser begegnete.
Nach dem Attentat wurde Libényi einem strengen Verhör unterzogen, bei dem er gestand, dass er die Tat aus Hass auf den Kaiser, hervorgerufen durch dessen Justiz an den Revolutionären von 1849, begangen hatte: „Ich liebe mein Vaterland mehr als mein Leben. Ich musste sehen, wie meine Landsleute, wie hochgestellte Edelleute hingerichtet und scharenweise auf Festung verurteilt wurden, wie alle Freiheit im Land verschwunden ist."
Die verhörenden Beamten wollten unbedingt an eine weit verzweigte Verschwörung glauben und ließen Libényi zweimal

Die Kärntnertorbastei um 1860. Etwa am Standort der Personen auf der Mauer fand das Attentat statt.

15 Stockstreiche verabreichen, um die Namen seiner Mitverschwörer aus ihm herauszupressen, dieser blieb jedoch bei seiner Behauptung, die Tat allein geplant und durchgeführt zu haben. Auch die Geistlichkeit versuchte ihn zu „Geständnissen" zu bewegen. Alles, was man aber aus ihm herausbekam, war der Name seines Freundes Johann Misits, der darauf verhaftet wurde, ohne dass man ihm aber beweisen konnte, dass er in irgendeiner Form an der Tat beteiligt gewesen wäre oder von der Tat gewusst hätte. Libényi wurde am 23. Februar zum Tod durch den Strang verurteilt, das Urteil wurde am 26. Februar vollstreckt. An diesem Samstagmorgen hatten starke Polizei- und Militärkräfte die Wienflussbrücken und die Vorstadt Wieden, durch die der Zug mit dem Delinquenten führen sollte, besetzt. Rund 50.000 Menschen säumten trotz eines Schneesturmes die Strecke, wobei – wie vermerkt wurde – „das weibliche Geschlecht stark vertreten war".

Am Richtplatz angekommen, wurde Libényi zum Galgen geführt. Wie die Tradition es befahl, wandte sich der Profos zum kommandierenden Offizier mit der Bitte um Gnade, um die Antwort zu erhalten: „Bei Gott ist Gnade." Der Scharfrichter warf Libényi die Schlinge um den Hals und zog ihn empor, während der noch auf Ungarisch die Worte „Jesus Christus" aussprach. Libényi blieb bis nach Sonnenuntergang am Galgen hängen, dann verscharrte man ihn in Gegenwart einer zahlreichen Menschenmenge in einer Grube unweit der Hinrichtungsstätte.
Seltsamerweise scheint es Unklarheiten über den Ort der Hinrichtung zu geben. In der Literatur wird stets die Hinrichtungsstätte bei der Spinnerin am Kreuz am Wienerberg erwähnt, doch scheint der Spottvers, den die Wiener auf Libényi und auf Kaiser Franz Joseph sangen, auf die Simmeringer Haide zu verweisen, auf der sich, unweit der Gewehr- und Munitionsfabrik im alten Schloss Neugebäude, die Militärrichtstätte der Wiener Garnison befand: „Auf der Simmeringer Had – hat's an Schneider verwaht – aber es geschicht ihm scho recht – warum sticht er so schlecht."

Die Konsequenzen

Libényis Attentat hatte weit reichende Konsequenzen für Wien und die Monarchie. Zum einen bewirkte der Mitleidseffekt, dass die Beliebtheit Franz Josephs bei seinen Untertanen zu steigen begann. Es ist bekannt, dass Franz Joseph das Todesurteil gegen Libényi gerne verhindert hätte, um hier keine Märtyrerlegende entstehen zu lassen und um durch offensichtliche Milde weiter in der Gunst der Bevölkerung zu steigen. In diesem Punkt konnte er sich allerdings gegen seine Generäle, die Blut sehen wollten, nicht durchsetzen. Franz Joseph nutzte die neu erworbene Popularität geschickt aus und ließ den Belagerungszustand in Wien, der seit 1848 gegolten hatte, aufheben.
Zum Dank für die Errettung seines Bruders rief Erzherzog Ferdinand Max eine Spendenaktion zum Bau einer Kirche ins Leben. 300.000 Spender zahlten für den Bau der Votivkirche, die nach

ihrer Eröffnung 1879 der erste fertiggestellte Ringstraßenbau war, in einen Fonds ein.

Graf Maximilian O'Donell, 1812 geboren und aus einem irischen Grafengeschlecht stammend, erhielt für sein Eingreifen das Kommandeurkreuz des Leopoldsordens, das Ritterkreuz des Franz-Joseph-Ordens und die Salvatormedaille der Stadt Wien. Bald nach dem Attentat schied er aus dem aktiven Dienst aus und starb 1895 in Goldegg in Salzburg. James Joyce hat dem irischen Grafen, der einem österreichischen Kaiser das Leben rettete, in seinem „Ulysses" später ein bleibendes Denkmal gesetzt.

Joseph Ettenreich, geboren 1800, erfolgreicher Besitzer eines Selchergeschäftes am Tiefen Graben, Hausbesitzer in der Wieden und seit 1850 als Privatier lebend, wurde am 23. April 1853 in den erblichen Ritterstand erhoben. Auch er erhielt die Salvatormedaille der Stadt Wien, und seine Frau durfte bei der Mutter des Kaisers zum Tee erscheinen. Noch 1853 wurde er in den Leitungsausschuss der Ersten Österreichischen Spar-Casse berufen, und als er am 4. Februar 1875 starb, nahmen auf kaiserliche Anordnung Generäle, Erzherzöge, der junge Kronprinz Rudolf und die Trauermusik der Deutschmeister an seinem Begräbnis teil.

Die Alternative

Das angenommene Szenario: Libényis Tat hat Erfolg, von hinten springt er Franz Joseph an, sein Messer durchbohrt den Hals des Monarchen, die Wucht des Stoßes schleudert den Kaiser über die nur 90 Zentimeter hohe Brüstung in den Stadtgraben, wo er hilflos verblutet. Der Attentäter selbst fällt unter den Säbelhieben O'Donells, schwer verletzt hängt man ihn wenige Tage später auf. Unmittelbar nach der Tat wird der jüngere Bruder von Franz Joseph, Ferdinand Max, zum Kaiser Maximilian I. ausgerufen. Dieser, nur zwei Jahre jünger als sein verblichener Bruder, ist ein politischer Schwärmer mit konfus-romantischen Vorstellungen, dessen Ehrgeiz zeit seines Lebens darunter gelitten hat, dass ihn nur zwei Jahre von der Krone trennen. Allerdings ist er politisch unbe-

Graf Maximilian O'Donell.

lastet, ihn verfolgen keine Hingerichteten von Arad, und so kann er, nach einer kurzen tumultuösen Phase mit Aufständen in Oberitalien und Ungarn, das Reich zusammenhalten. Allerdings ist er ein zu milder Herrscher, verliert mit der Zeit ebenfalls die oberitalienischen Provinzen und muss sich bald um einen Ausgleich mit den Kronländern bemühen. Maximilian I. ist als Kaiser von Österreich allerdings weltoffener als es sein Bruder war – schließlich hatte er 1859 die Fregatte „Novara" zur Weltumsegelung ausgesandt und selbst Brasilien bereist. Vielleicht wäre es ihm also zuzutrauen, Österreich soweit zu reformieren, dass der Zerfall von 1918 aufgehalten oder verhindert werden hätte können.
Dagegen sprechen seine persönliche Schwäche und seine lebenslangen Schwierigkeiten, eigene Entscheidungen zu treffen. Vielleicht wäre Österreich unter ihm schneller zerfallen, was wiederum den Ersten Weltkrieg, zumindest gegen Russland, verhindert hätte.
Konsequenzen hätte die Tat sicher für Mexiko gehabt. Ein österreichischer Kaiser Maximilian I. hätte sich niemals auf das mexikanische Abenteuer von 1864 bis 1867 eingelassen. Es hätte die Schüsse von Querétaro nicht gegeben, vielleicht hätte sich ein anderer europäischer Prinz auf das Wagnis eingelassen – das Ende wäre wohl ein Gleiches gewesen. Genauso hätte es aber auch keinen Mythos von Kaiserin Sisi und auch nicht den von Mayerling gegeben. Wieweit ein maximilianisches Wien einem franziskojosephinischen Wien geglichen hätte, ist heute wohl kaum zu sagen.

Die Anarchisten

Anton Kammerer, Hermann Stellmacher und die Attentate auf die Wiener Polizeiagenten Ferdinand Blöch und Franz Hlubek (15. Dezember 1883 und 25. Jänner 1884)

Die Hintergründe

Der Anarchismus, wörtlich übersetzt bedeutet dies „Herrschaftslosigkeit", war eine der sozialistischen Bewegungen und zugleich eine politisch-philosophische Denkrichtung, die einen Höhepunkt in der zweiten Hälfte des 19. Jahrhunderts erlebte. Zentrales Anliegen des Anarchismus ist die Errichtung einer herrschaftsfreien Gesellschaft, einer Gesellschaft ohne Unterdrückung und Ausbeutung, ohne staatliche Institutionen wie Justiz, Polizei und Militär. Also eine Gesellschaft, in der die Mitglieder frei, gleichberechtigt und autoritätslos zusammenleben. Grundlegend ist die Freiheit des Einzelnen, sich losgelöst von jeder Unterdrückung oder Kontrolle verwirklichen zu können. Dabei gilt jedoch die Einschränkung, dass anderen kein Schaden zugefügt werden darf. Die Allgemeinheit hat aber das Recht, über Personen, die den Frieden der Gemeinschaft gewalttätig stören, eine Form von sozialer Kontrolle auszuüben, allerdings darf sie sich dabei keiner der bekannten Herrschaftsinstrumente bedienen.
Die Anarchistenpartei war ein Auswuchs der 1864 von Karl Marx in London begründeten Internationalen Arbeiterassoziation, der so genannten „Internationale". Aufgrund unterschiedlicher Standpunkte zu Fragen der persönlichen Freiheiten wurden Anarchismus und Sozialismus schon bald zu konkurrierenden Bewegungen. So wurden auf dem Kongress der Internationalen Arbeiterassoziation, der „Ersten Internationale", die Führer der anarchisti-

schen Bewegung Michael Bakunin und seine Anhänger von den Sozialisten unter der Führung von Karl Marx überstimmt, 1872 wurden die Anarchisten aus der „Internationale" ausgeschlossen. Anarchismus ist und war aber nie mit Terrorismus gleichzusetzen, da sich auch die anarchistische Bewegung in der zweiten Hälfte des 19. Jahrhunderts in einen radikalen und einen gemäßigten Flügel spaltete. Beiden gleich war, dass sie die gesellschaftlichen Veränderungen durch Revolution erzielen wollten. Die Gemäßigten versuchten dies durch die Organisierung der Arbeiterschaft zu erreichen, die Radikalen dehnten unter dem Einfluss russischer Nihilisten den Begriff der Revolution auch auf individuelle Gewalttaten aus: „Jede Tat, welche gegen die heutigen Verhältnisse und deren Träger gerichtet ist – ob sie gelingt oder nicht –, ist ein Ereignis, welches den Weg zur Revolution ebnet."

Auch in Österreich hatte sich die Sozialdemokratie ab 1880 in eine gemäßigte und eine radikale Fraktion gespaltet. Die Gemäßigten meinten, dass die soziale Frage durch das allgemeine, gleiche und direkte Wahlrecht gelöst werden könne, die Radikalen verneinten dies und forderten eine soziale Revolution. Ab 1882 wurden die Radikalen auch innerhalb der sozialistischen Bewegung bereits als „Anarchisten" beschimpft. Kurze Zeit danach begannen sie mit Gewalttaten, die sich besonders gegen die Repräsentanten des Kapitals und die sie beschützenden Kräfte des Staates richteten, den Kampf zur Herbeiführung der Revolution. 1883 wurden bei Hausdurchsuchungen in Wien Sprengmittel, Gifte und Waffen gefunden. Es war offenbar nur mehr eine Frage der Zeit, bis es zu den ersten Anarchistenattentaten in Österreich kommen würde.

Dafür, dass die Bereitschaft zur Revolution da war, sorgten schon die katastrophalen Lebensverhältnisse, in welchen die Arbeiter der Zeit lebten. Die durchschnittliche Lebenserwartung eines Arbeiters lag zwischen 20 und 30 Jahren, nur 20 Prozent der Kinder konnten eine Schule besuchen. Kinderarbeit, Wohnungsnot mit Bettgeherei, Tuberkulose und das Trucksystem vieler Firmen ließen die Arbeiter, das „Lumpenproletariat" der Ringstraßenzeit, verzweifeln und an Gewalt denken, an jene Formen der Gewalt,

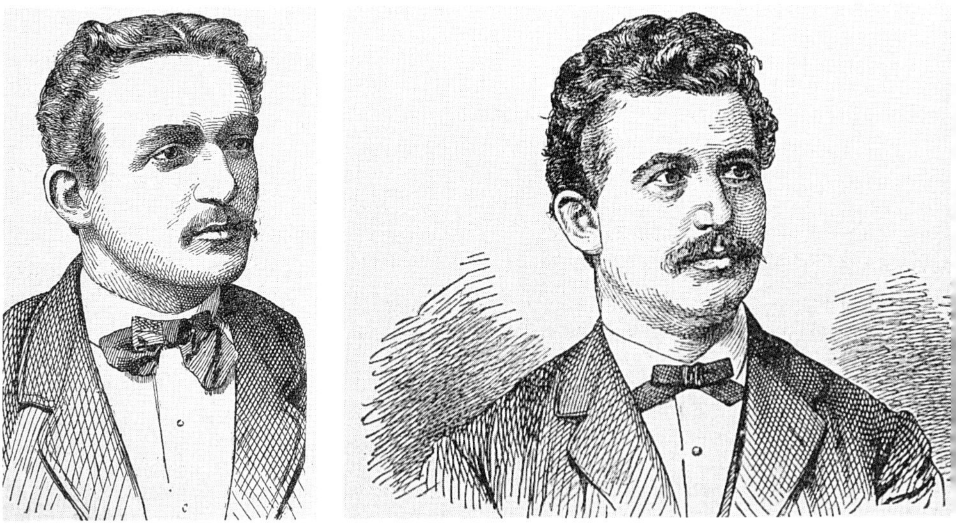

Die Polizeiagenten Ferdinand Blöch (links) und Franz Hlubek (rechts).

wie sie Anton Kammerer und Hermann Stellmacher 1883 und 1884 ausüben sollten.

Die Opfer: Ferdinand Blöch und Franz Hlubek

Franz Hlubek und Ferdinand Blöch waren Polizeiagenten, so genannte „Detektive", den Polizeikommissariaten in den Arbeiterbezirken eigens für die „spezielle" Überwachung von Personen zugeteilt, die sozialistischer Umtriebe verdächtigt wurden. Ein solcher Detektiv hatte etwa vier bis fünf Sozialisten zu überwachen, er sorgte für die Anwerbung von Konfidenten und für die Einschleusung von Vertrauensleuten in sozialistische Organisationen. Seine Machtbefugnisse waren umfassend: Hatte er den Namen eines Sozialisten festgestellt, so ging er in die Betriebe und verlangte dessen Entlassung, er überwachte Redaktionslokale und informierte Hausherren und Zimmervermieter über die politische Meinung ihrer Mieter. Ferdinand Blöch soll auch versucht haben, Milchfrauen anzuwerben, um die Frauen der Arbeiter auszufragen, welche Zeitungen ihre Ehemänner lesen würden. Geleitet wurden die Detektive vom Wiener Polizeirat Carl Breitenfeld, der höchst erfindungsreich war, wenn es darum ging, gegen die Sozialisten ins Feld zu ziehen. Diese und die Anarchisten kannten aber ihre Gegner genauso gut: Blöch und Hlubek galten als die gefährlichsten und skrupellosesten Detektive.

Die Attentate

Im Sommer 1883 erreicht die Zeitung „Freiheit", ein Anarchistenblatt, das in New York von dem exilierten prominenten deutschen Anarchisten, Johann Most, herausgegeben wird, ein Brief, der Beschimpfungen und Beschuldigungen gegen zwei Wiener Polizeikonzipisten, wie man die Polizeiagenten des franzisko-josephinischen Wien nannte, nämlich Ferdinand Blöch und Franz Hlubek, enthält. Unterzeichnet ist das Schreiben mit dem Namen „A. Marmarek", ein Anagramm, hinter dem sich der Name Anton Kammerer versteckt. Der Brief wird in der Zeitung veröffentlicht. Zur gleichen Zeit bekommen die Eltern Kammerers einen in New York aufgegebenen Brief, den dieser zur Irreführung der Behörden von dort aus versenden hat lassen.
Es ist anzunehmen, dass die Polizei, welcher es gelungen war, Spitzel – meist Sozialisten, die in der Haft umgedreht und gekauft wurden – in den Zirkel der Wiener Radikalen und Anarchisten einzuschleusen, über die Pläne von Kammerer und Stellmacher informiert ist. Auch muss in Polizeikreisen bekannt sein, dass Blöch und Hlubek als gehasste Polizeiagenten in höchster Gefahr schweben.
Kammerer kommt Anfang Dezember 1883 nach Wien und mietet sich im 7. Bezirk unter dem Namen Arnold Otter ein. Am 15. Dezember lauert er dem Detektiv Hlubek auf und streckt ihn mit mehreren Revolverschüssen nieder. Unmittelbar nach dem Attentat verlässt er Wien und fährt zu seinem Bruder nach Mährisch-Ostrau, wo er bei einem Buchbinder Arbeit findet. Am 7. Jänner 1884 verlässt er seinen Arbeitsplatz und fährt wieder nach Wien. Am 10. Jänner kommt es hier in einem Geschäft in der Mariahil-

ferstraße 55 zu einer der Aufsehen erregendsten Bluttaten des alten Wien. An diesem Tag wird der Wechselstubenbesitzer Heinrich Eisert von drei Männern überfallen, die mit einer Hacke auf ihn einschlagen. Eisert und seine zwei Kinder, die sich ebenfalls im Geschäft befinden, werden erschlagen. Nur mit Glück überlebt die gerade anwesende Sprachlehrerin, welche die Kinder unterrichten sollte. Es gibt keine Zeugen, und daher kann auch niemand die Täter identifizieren. Erst viel später, beim Prozess gegen Kammerer, wird – allerdings unter fragwürdigen Umständen – festgestellt, dass er die geraubten Papiere Eiserts in seinem Besitz gehabt und diese nach Budapest gesandt haben soll, wo er sich im Februar aufgehalten hat.

Die Ermordung des Wechselstubenbesitzers Eisert am 10. Jänner 1884.

Die Wiener Polizei steht zunächst auf der Suche nach den Tätern vor einem Rätsel, vor allem, weil sie die beiden Attentate nicht miteinander in Verbindung bringen kann. Erst der Bericht eines Konfidenten aus Zürich bringt Licht in die Sache, und man sucht nach Kammerer, der am 28. Februar nach einem Besuch im Kaffeehaus Fischer im 8. Bezirk verhaftet wird. Als Kammerer das Lokal mit zwei Freunden verlässt, erwarten ihn schon zwei Polizeiagenten und versuchen, ihn von hinten zu fassen. Kammerer hält jedoch seinen Revolver bereits in der Hand, schießt sofort und verwundet einen der beiden. Dem hinzugekommenen Polizeiinspektor Bayer setzt er die Pistole an die Brust, wird dabei aber niedergestoßen. Mit Hilfe seiner Genossen gelingt es ihm zu fliehen. Die wilde Jagd geht von der Josefstädterstraße über die Schottenfeldgasse bis in die Bernardstraße, stets verfolgt von Detektiven, Wachleuten in Zivil und Sicherheitswachmännern. Kammerer versucht immer wieder, auf seine Verfolger zu schießen, schließlich bekommt er einen Säbelhieb ab. Zwar gelingt es ihm noch, im Fallen zu feuern und einen Wachmann zu verwunden, nach verzweifelter Gegenwehr wird er aber überwältigt.
Das zweite Attentat an einem Polizeiagenten wird am 25. Jänner 1884 an Ferdinand Blöch verübt. Hermann Stellmacher kommt Anfang Jänner mit dem Vorsatz nach Wien, Blöch zu töten, da dieser, wie er meint, bereits vielen Parteigenossen geschadet habe. Stellmacher beschattet Blöch über mehrere Tage und versucht ihn dann acht Tage lang abzupassen, findet aber nie die richtige Gelegenheit zum Attentat. Freitag, den 25. Jänner 1884, ist der günstige Moment dann da, wie er selbst berichtet: „Ich wartete schon vor halb sieben hinter einem Zaune, in der Nähe der Wohnung des Blöch auf ihn, hatte auf der Wiese den falschen blonden Bart angelegt, und war mit zwei Revolvern, einem mit fünf Schüssen und einem mit sechs Schüssen, sowie mit einer Dynamitpatrone bewaffnet. Die Bombe hatte ich zu mir genommen, um mich für den Fall einer Verfolgung zu befreien ... Um halb acht Uhr morgens kam Blöch und ging über den Fußweg ... ich ging ihm schnell nach und rief, während ich schon meinen Revolver in Bereitschaft

Die Gefangennahme Anton Kammerers in der Bernardstraße am 28. Februar 1884.

hatte, von rückwärts ‚Blöch', worauf er sich umdrehte, jedoch bereits ebenfalls seinen Revolver in der Hand hatte. Ich kam ihm zuvor und schoss ... ohne dass ich jedoch angeben kann, wie viele Schüsse ich abgegeben habe. Den letzten Schuss gab ich nach dem Kopfe ab, weil ich wollte, dass Blöch sicher tot sei."
Die Schüsse haben die Aufmerksamkeit einiger Arbeiter erregt, die nun hinter dem flüchtenden Stellmacher herlaufen, wobei dieser mehrmals mit dem Revolver auf sie zielt, allerdings ohne zu schießen. Auch die Bombe kann er nicht zünden, da er die Zündstifte noch nicht eingeführt hat. Beim Prozess gibt er an, er habe es nicht über sich gebracht, auf Arbeiter zu schießen. Während der Flucht und bei seiner Überwältigung soll er gerufen haben: „Ihr Esel, ich habe es doch nur für euch getan."

Die Täter: Anton Kammerer und Hermann Stellmacher

Die beiden Anarchisten Kammerer und Stellmacher hatten sich im Herbst 1883 in der Schweiz kennen gelernt, als sich Kammerer der terroristischen Gruppe von Stellmacher anschloss.

Kammerer wurde 1862 geboren und wollte Lehrer werden, wurde aber 1876 mit der Begründung abgewiesen, er habe seinen Antrag auf die Gewährung eines Stipendiums zu spät eingereicht. Nach einer dreijährigen Buchbinderlehre ging er 1880 als Verschieber zur Nordbahn. Bereits in der 70er-Jahren hatte er Bekanntschaft mit den Floridsdorfer Sozialdemokraten gemacht und einige seiner Genossen bei Prozessen als Vertrauensmann vertreten. In diesen Verfahren lernte er auch den Detektiv Hlubek kennen, aufgrund dessen Aussagen die Floridsdorfer Genossen verurteilt wurden. Ebenso war Hlubek für die Auflösung des Floridsdorfer Arbeiterbildungsvereines und für die Überwachung der Floridsdorfer Arbeiterschaft zuständig.

Im August 1883 wurde bei Kammerer eine Hausdurchsuchung vorgenommen, bei der ein Manuskript beschlagnahmt wurde, das er mit A. Marmarek unterzeichnet hatte. Daher wusste die Wiener Polizei später sehr schnell, wer in der New Yorker „Freiheit" zu den Taten gegen Blöch und Hlubek aufgerufen hatte. Vor einem drohenden Prozess floh Kammerer dann über Innsbruck in die Schweiz, wo er Stellmacher kennen lernen sollte. Von dort kehrte er nach Wien zurück, um sich an Hlubek im Namen der Arbeiterschaft zu rächen.

Hermann Stellmacher wurde 1853 in Grottkau in Schlesien als Sohn eines Schuhmachers geboren, lernte selbst auch dieses Gewerbe und kam nach Jahren in der preußischen Armee als Unteroffizier und als Verschieber bei den sächsischen Staatsbahnen nach Zürich, wo er sich als Schuhmacher niederließ und heiratete. Wo er mit dem Sozialismus und dem Anarchismus erstmals in Berührung kam, kann nicht nachvollzogen werden. Es muss wohl während seiner Zeit bei den sächsischen Staatsbahnen gewesen sein, da die Eisenbahner zu den frühesten und am besten organisierten sozialistischen Gruppen in Europa zählten.

Hermann Stellmacher.

In Zürich übernahm die Gruppe um Stellmacher die Publikation der aus London vertriebenen Zeitschrift „Freiheit" des Johann Most, der sie dann ab Oktober 1882 in New York herausgab. Im Sommer 1883 nahm Stellmacher in Zürich an jenem Kongress teil, auf dem zum Sturz der kapitalistischen Gesellschaft der Kampf mit allen Mitteln empfohlen wurde. Dort soll sich auch jene Aktionsgruppe gebildet haben, die für das Attentat auf Eisert und für Überfälle in Stuttgart und Straßburg, die zur Geldbeschaffung unternommen wurden, verantwortlich gemacht wurde. Es ist anzunehmen, dass er in diesem Sommer durch seine Bekanntschaft mit Kammerer auf den Detektiv Blöch aufmerksam wurde und daraufhin beschloss, selbst nach Wien zu reisen, um die „Propaganda der Tat", die er vertrat, auch umzusetzen. Für eine gemeinsame Planung spricht die gleiche Vorgangsweise der beiden Anarchisten: die Einmietung in Wien unter falschem Namen, die Beschattung der Opfer und die Ausführung der Tat.

Die Konsequenzen

Kammerer wurde nach seiner Gefangennahme einige Tage von der Polizei verhört, wobei er sich als absoluter „Steher" erwies und kein Wort aussagte. Am 19. Mai wurde er dann als Deserteur an die Militärbehörden übergeben. Die nächsten dreieinhalb Monate verbrachte er in einer Zelle der Alserkaserne, mit einer Hand und einem Fuß an die Wand geschmiedet. Hier gestand er, dass er für

Der Galgenhof im Wiener Landesgericht mit einem Würgegalgen.

den Mord an Hlubek verantwortlich sei, leugnete aber den Mord an Eisert und seinen Kindern bis zuletzt, obwohl er im Gefängnis angeblich auch gefoltert wurde.
Am 6. September kam es zu einer Verhandlung vor dem nicht öffentlichen Kriegsgericht, wobei Kammerer zum Tod durch den Strang verurteilt wurde. Ob und was Kammerer gestanden hatte, ist bis heute unklar, da, wie die Zeitung „Der Radikale" schreibt, „... die Verhandlungen so geheim geführt wurden, dass niemand die Wahrheit derartiger Behauptungen nachweisen kann".
Stellmacher verweigerte nach seiner Verhaftung jegliche Angaben zur Tat und zu seiner Person. Auch in seinem Fall vermied man eine öffentliche Gerichtsverhandlung, indem man seinen Fall vor einem Ausnahmegericht verhandelte. Am 10. Juni wurde er zum Tod durch den Strang verurteilt und am 8. August im Wiener Landesgericht gehenkt.
Bei den Verhandlungen kamen durchaus erstaunliche Umstände zutage, die bis heute die Frage aufwerfen, ob Kammerer nicht in Wirklichkeit ein „Agent provocateur" war, welcher die sozialistische Bewegung diskreditieren sollte. So hatte sich Kammerer 1883 während seines Aufenthaltes in der Schweiz, die Hochburg und Rückzugsort der europäischen Anarchisten war, den Wiener Polizeibehörden als Polizeikonfident angetragen. Auch die Flugblätter, die als „Bekennerschreiben" nach den diversen Taten auftauchten, dürften in Wahrheit aus den Reihen der Wiener Polizei gestammt haben. Die geheimen Prozesse, die keine Öffentlichkeit zuließen, die Abschottung der zum Tod Verurteilten, die nicht einmal mehr Besuche von Mutter oder Ehefrau empfangen durften, warfen bereits noch zu Lebzeiten der Attentäter Fragen auf. Ebenso wurde bei beiden Prozessen niemals der offensichtliche Zusammenhang der Taten erforscht. Man war einzig daran interessiert, der Öffentlichkeit Einzeltäter-Thesen zu präsentieren, um vom zunehmenden Grad der Organisierung der Sozialdemokraten abzulenken.
Beide Anarchisten starben tapfer, beide wiesen geistlichen Beistand zurück und fanden ihr Ende am Würgegalgen. Kammerer erhielt ein öffentliches Begräbnis, an dem unter anderen auch

Prinz Aloys Liechtenstein teilnahm. Stellmacher wurde am Tag nach seiner Hinrichtung heimlich auf dem Wiener Zentralfriedhof begraben. Über ihn erschien Wochen später in der „Freiheit" ein langer Nachruf, offenbar verfasst von Johann Most, der Stellmacher als einen „Märtyrer der sozialen Revolution" ehrte, der „von den Henkern des gekrönten Verbrechers, Franz Joseph Habsburg, kalten Blutes in grausamer Weise hingewürgt" worden war.

Die Anarchistenattentate von Wien gaben dem Staat die Handhabe, am 30. Jänner 1884 über die Bezirke von Wien, Wiener Neustadt und Korneuburg den Ausnahmezustand zu verhängen und damit die Repression auf die Arbeiterschaft zu erhöhen. Die österreichische Sozialdemokratie zog allerdings ebenfalls ihre Lehren aus den Taten Kammerers und Stellmachers, nämlich, dass man mit terroristischen Einzelaktionen und einer gespaltenen Partei nichts gegen einen gut organisierten Staat ausrichten und damit kaum eine Verbesserung der Lebensverhältnisse der Arbeiter durchsetzen würde können. In letzter Konsequenz führte dies zu einem Umdenken in der Sozialdemokratie Österreichs und damit zum Einigungsparteitag am Neujahrstag 1889 in Hainfeld.

Die Alternative

Die Attentate Kammerers und Stellmachers hatten kaum einen Einfluss auf die österreichische oder internationale Politik, selbst ohne die Anschläge wäre es Viktor Adler früher oder später gelungen, die Sozialdemokratie zu einen und zu einer politischen Macht in Österreich aufzubauen. Anarchismus als politische Form bestand in Österreich nur am Rand der Sozialdemokratie, einen wesentlichen Einfluss auf die politische Entwicklung hatte er nie, obwohl Wien eine ganze Reihe bedeutender Theoretiker des Anarchismus wie Pierre Ramus und Joseph Peukert hervorgebracht hat.

Der Einzelgänger

Paul Kunschak und das Attentat auf Franz Schuhmeier (11. Februar 1913)

Die Hintergründe

Es war die Belle Époque, die Zeit zwischen 1900 und dem Ausbruch des Ersten Weltkrieges 1914. Es war eine Zeit, in der die Menschen dachten, dass das neue Jahrhundert ein Jahrhundert der Technik und des Fortschrittes sein würde, und man hatte keinen Grund, daran zu zweifeln, dass die Ordnung der Gesellschaft – einige wenige oben, einige wenige in der Mitte und die Masse des Volkes unten – sich allzu rasch ändern würde.
Aber bereits an der Jahreswende1888/89 hatten einige in die Zukunft blickende Sozialisten unter der Führung von Viktor Adler, Advokat und Herausgeber der Zeitschrift „Gleichheit", den Zusammenschluss der radikalen und gemäßigten Sozialisten und ihres seit den Anarchistentagen gespaltenen Anhangs vereinbart und im Gasthaus Zehetner in Hainfeld beschlossen: Das war die Geburtsstunde der Sozialdemokratischen Partei in Österreich. Noch aber waren die Sozialdemokraten eine Minderheit: 1889 zählten sie gerade 60.000 Mitglieder, und diese führten zumeist einen Kampf ums Überleben. 94 von 100 Arbeitern verdienten kaum das Existenzminimum, der vorgeschriebene Elfstundentag stand oft nur auf dem Papier, und Urlaub war ein unbekanntes Wort. Es gab keinen sozialen Schutz und keinen Kollektivvertrag. Langsam begann sich die neue Partei zu organisieren, Anhängerschaft fand sie in den Arbeiterbezirken Wiens, in den Siedlungen der Ziegelarbeiter am Wienerberg und unter den Fabrikarbeiterinnen der neuen Industrien. Victor Adler war der unbestrittene Parteivorsitzende, gebildet, belesen, bewandert in der Gesellschafts-

theorie, aber draußen in den Vorstädten brauchte man die handfesten Politiker, die die Sprache des Volkes sprachen, weil sie aus dem Volk kamen, Männer wie Franz Schuhmeier.
Aber noch war die Stunde der Sozialdemokraten nicht gekommen, das Wahlrecht verwehrte dem Großteil der Arbeiter den Zugang zur Wahlurne, und in Wien herrschten seit 1897 die Christlichsozialen unter Karl Lueger. Ein Volkstribun, ein Antisemit, aber dennoch ein Politiker, der durch seinen Weg der Kommunalisierung versuchte, die Stadt zu organisieren und zu modernisieren. Lueger wurde ungeheuer populär und regierte unangefochten bis 1910, sein Begräbnis war das größte, das Wien bis dahin gesehen hatte. Zu diesem Zeitpunkt durften bereits alle Wiener wählen, alle, außer den Frauen natürlich. Seit der Wahlrechtsreform des Ministerpräsidenten Badeni im Jahr 1896 gab es die fünfte Kurie, in der alle Staatsbürger ungeachtet ihrer Steuerleistung wahlberechtigt waren, allerdings brauchte hier ein Abgeordneter, um gewählt zu werden, 75.000 Stimmen, während die 5000 Großgrundbesitzer der ersten Kurie 85 Mandate hatten.
Die Belle Époque war die Zeit des schönen Scheins, aber auch die Zeit der Aufbruchsstimmung, die Zeit der großen Politiker wie Viktor Adler, Karl Lueger, Leopold Kunschak und eines Franz Schuhmeier. Und die Zeit eines Paul Kunschak, der zuerst Sozialdemokrat war, dann zu den Christlichsozialen wechselte, der nicht wusste, wohin er gehörte, der seinen Lehrer Schuhmeier liebte und hasste und seinem Hass mit einer Waffe in der Hand Ausdruck gab, indem er Franz Schuhmeier am 11. Februar 1913 erschoss.

Das Opfer: Franz Schuhmeier

Franz Schuhmeier, geboren 1864, war ein begabter Wiener Bub aus einer Ottakringer Proletarierfamilie, der Vater war Bandmachergehilfe, die Mutter Heimarbeiterin. Als Jugendlicher musste er auf Marktplätzen als Hutschenschleuderer arbeiten, und dort eignete er sich jene Zungenfertigkeit an, die ihm später den Beinamen

„Volkstribun von Ottakring" einbringen sollte. Das einschneidendste Erlebnis seiner Kindheit war der Tod seines älteren Bruders Hans, der als Buttenträger Wasser in die Wohnungen bringen musste, dabei stürzte und an den Folgen des Unfalls verstarb. Franz Schuhmeier sollte eine höhere Bildung erhalten und bekam einen Platz im Priesterseminar in St. Pölten angeboten, konnte aber das Stipendium nicht annehmen, da den Eltern das Geld für seine Wäsche fehlte. So wurde er Hilfsarbeiter in einer Papierfabrik. Hier machte er erste Bekanntschaft mit der Politik. Im „Raucherklub Lassalle" wurde über die Gesellschaft und ihre Ungerechtigkeiten diskutiert, Schuhmeier wurde bald Vorsitzender des Klubs. 1889, kurz nach der Gründung der Sozialdemokratischen Partei, wurde der illegale Klub ausgehoben, und Schuhmeier wanderte für sechs Wochen Untersuchungshaft ins Gefängnis, um dann zu 24 Stunden Arrest verurteilt zu werden. Aber wie für so viele Politiker und Revolutionäre war das Gefängnis auch für ihn eine Schule. Hier fand er Gesinnungsgenossen, und die langen Diskussionen in der Zelle festigten seine politische Meinung. Kaum wieder in Freiheit, gründete er den Arbeiterbildungsverein „Apollo" und zwei Jahre später die Zeitschrift „Volkstribüne", das Blatt der niederösterreichischen Sozialdemokratie, das jede Woche von 60.000 Menschen gelesen wurde. Er gründete auch den sozialdemokratischen Wahlverein in Ottakring und leitete für einige Jahre das sozialdemokratische Reichsparteisekretariat. 1900 gelang ihm und dem jungen Jakob Reumann der Durchbruch bei den

Franz Schuhmeier.

Wiener Gemeinderatswahlen gegen die dominierenden Christlichsozialen, Schuhmeier gewann in Ottakring und Reumann in Favoriten, und beide konnten als Mandatare in den Gemeinderat einziehen. 1901 wurde er in den Reichsrat gewählt, 1910 gewann er das Mandat Luegers im niederösterreichischen Landtag, und 1911 schlug er wieder die Christlichsozialen in Ottakring und in der Leopoldstadt. Franz Schuhmeier war der kommende Mann der Sozialisten in Wien, der „Christlichsozialen größter Feind", kein eleganter Herr, kein Theoretiker, aber ein begnadeter Redner, der „auf den Saiten der Volksseele mit genialer Kunstfertigkeit zu musizieren wusste".

Das Attentat

Am 11. Februar 1913 ist Schuhmeier als Hauptredner auf einer sozialdemokratischen Wahlversammlung in Stockerau vorgesehen. Man holt sich Schuhmeier gern als Redner: „Er hatte nichts von der theoretisierenden Art der meisten sozialdemokratischen Führer an sich, seine Argumente waren nicht auf den verwickelten Lehren von Karl Marx aufgebaut, er holte seine Worte aus dem unmittelbaren Empfinden des Wieners, aus dessen kräftiger Art, das Leben anzusehen, und aus einer Denk- und Sprechweise, die gesunden Menschenverstand mit kernhafter Bildhaftigkeit paarte." Die Veranstaltung ist um 21 Uhr zu Ende, um 21.50 Uhr besteigt Schuhmeier den Zug nach Wien und trifft um 22.37 Uhr am Wiener Nordwestbahnhof ein.

Schuhmeier weiß nicht, dass nur einige Abteile weiter ein alter Bekannter von ihm sitzt, der sich vor zwei Tagen vorgenommen hat, ihn zu ermorden. Es ist Paul Kunschak, der Bruder des christlichsozialen Arbeiterführers Leopold Kunschak. Paul Kunschak hat in den letzten Tagen und Monaten einen persönlichen, irrationalen Hass auf Schuhmeier aufgebaut. Sein Hauptvorwurf an Schuhmeier ist, dass dieser „ihm Lehren beigebracht habe, von denen ich in späteren Jahren gesehen habe, dass sie nicht richtig sind". Er gibt Schuhmeier die Schuld an den Arbeiterunruhen von 1911, die Schuld daran, dass dieser ihm „... zu große Selbstständigkeit und Ehrgefühl eingeimpft hat" und dass er wegen einer Teilnahme an einer Demonstration im Gefängnis gesessen ist. Dennoch hat Kunschak die Ausführung der Tat einem Gottesurteil überlassen: Wenige Tage zuvor kauft er sich in einer Lotterie zehn Lose und wartet die Ziehung ab – weil alle Lose Nieten sind, muss Schuhmeier sterben. Vor der Tat verändert er noch die Munition seiner Pistole, die er bereits im November 1911 zu seiner persönlichen Sicherheit gekauft hat. Um ihre Wirkung zu vergrößern, stellt er Dumdumgeschosse her, indem er die Spitzen der Patronen einkerbt.

Als er in der Zeitung liest, dass Schuhmeier am 11. Februar eine Rede in Stockerau halten wird, begibt er sich zu Mittag dieses Tages in die Halle des Nordwestbahnhofes, um Schuhmeier aufzulauern. Obwohl er eine Zeit lang wartet, findet er ihn nicht. Da beschließt er, selbst nach Stockerau zu fahren, um Schuhmeier dort zu töten. Doch als er die Fahrkarte in der Tasche hat, sieht er plötzlich Schuhmeier, der vor ihm steht, ein Plakat liest und ihm den Rücken zuwendet. Kunschak bringt es nicht über sich, Schuhmeier in den Rücken zu schießen, und so fahren beide im selben

Der Wiener Nordwestbahnhof.

Zug Richtung Stockerau. Unterwegs kommt er von seinem Plan, Schuhmeier in Stockerau zu töten, ab. Er verlässt den Zug in Korneuburg, beschließt, nach Wien zurückzufahren und Schuhmeier wieder in der Bahnhofshalle aufzulauern. Er spaziert durch Korneuburg und nimmt sich vor, Schuhmeier auch in den Rücken zu schießen, wenn sich die Gelegenheit ergäbe. Nachdem er im Bahnhofsrestaurant ein Gulasch gegessen und drei Krügel Bier getrunken hat, steigt er in den Zug nach Wien, nicht wissend, dass diesen Zug auch sein Opfer benutzt. Als Kunschak in Wien aussteigt, erblickt er beim Ausgang des Zollraumes plötzlich Schuhmeier vor sich. Er zieht die schussbereit in der linken Brusttasche seines Rockes getragene Pistole, hält sie gegen den Kopf des vor ihm gehenden Schuhmeier und drückt mit dem Ruf „Dies ist meine Rache!" ab. Schuhmeier ist sofort tot. Durch den Knall des Schusses alarmiert, laufen die Leute in der Bahnhofshalle auseinander, Kunschak versucht mit der noch rauchenden Pistole in der Hand zu fliehen, wird aber von zwei Eisenbahnern ergriffen und festgehalten. „Auslassen, ich mach nichts mehr, ich habe meine Tat vollbracht!", ruft er.

Die Tat spricht sich schnell in Wien herum, bald versammelt sich eine erregte Menschenmenge vor dem Bahnhof, und erst die herbeigeeilten sozialdemokratischen Abgeordneten Renner, Seitz, Sever und Volkert können erreichen, dass die Leute nach Hause gehen.

Der Täter: Paul Kunschak

Der Mörder Schuhmeiers war, obwohl er die Tat vorgeblich aus politischen Motiven begangen haben will, mit Sicherheit kein seelisch gesunder Mensch. Paul Kunschak war das älteste von sechs Kindern und wurde am 4. Jänner 1870 in Wien geboren. Die ganze Familie litt unter einem strengen, rohen Vater, von dem sich die Mutter scheiden ließ. In der sechsklassigen Volksschule fiel er zweimal durch, später lernte er die Gelbgießerei, wo er ab 1887 als Gehilfe arbeitete. Kunschak war ehrgeizig und bildete sich weiter, unter anderem auch im Arbeiterbildungsverein „Apollo" – dort lernte er Schuhmeier kennen. Dieser war sechs Jahre älter als Kunschak und für den 18-Jährigen ein Vaterersatz, den er dringend brauchte. Er war zu dieser Zeit äußerst labil und wurde von Schuhmeier in allen Belangen beeinflusst, besonders durch dessen Einstellung zum Antiklerikalismus, was ihm Kunschak später vorwarf.

1892 verließ er Wien. Er wanderte über Salzburg, wo er dem katholischen Gesellenverein beitrat, doch bald wieder austrat, weil er kein Betbruder sein wollte, nach Deutschland, lebte eine Zeit lang in Düsseldorf, Magdeburg und Berlin. In all diesen Städten ließ er sich als Mitglied der sozialdemokratischen Bewegung einschreiben, und man vertraute ihm auch Funktionärsposten an. Nach einem kurzen Intermezzo in Wien 1902 zog es ihn nach Argentinien, Kapstadt und England, ehe er 1903 wieder in seine Heimatstadt zurückkehrte. Inzwischen war er von den politischen Lehren und Parteien enttäuscht, sowohl von den Christlichsozialen, bei denen sein Bruder Leopold Karriere gemacht hatte, wie auch von den Sozialdemokraten. Als er sich weigerte, an seinem Arbeitsplatz der sozialistischen Gewerkschaft beizutreten, wurde er gekündigt. Er klagte, bekam Recht und seinen Arbeitsplatz wieder – in den Augen seiner Genossen war er seit diesem Moment ein Geächteter.

Unter dem Einfluss seines Bruders näherte er sich dem christlichen Gewerkschaftsverband an und gründete einen eigenen Verein, den „Christlichen Gewerkschaftsverein für Österreich", der sich nach englischem Vorbild vor allem mit dem Armenkassenwesen beschäftigte.

Kunschak war durch seine Anzeige gegen den roten „Gesinnungsterror" allgemein bekannt geworden und verlor immer wieder seinen Arbeitsplatz, teilweise durch eigene Schuld. Daher beschloss er, von seinen 2000 Kronen Auslandsersparnissen zu leben. Als diese im Dezember 1912 zu Ende gingen, plagten ihn Existenzängste und Selbstmordgedanken, letztere verwarf er aber wieder, da er glaubte, „... die sozialdemokratischen Arbeiter würden darüber nur lachen". Statt dessen fasste er den Plan, sich an einem der Funktionäre der Sozialdemokraten zu rächen. Er überlegte kurz ein Attentat gegen Viktor Adler und Franz Domes, dann aber richtete sich sein Zorn gegen Franz Schuhmeier, von dem er glaubte, sein Leben lang belogen worden zu sein. Er habe im Leben erfahren, „... dass die Lehren des Schuhmeier zum Teil unrichtig sind. Er habe sich deshalb gedacht, dass, wenn er den Schuhmeier treffe, er einen Schuldbeladenen und nicht einen Unschuldigen treffe."

Die Konsequenzen

Das Begräbnis Franz Schuhmeiers am 16. Februar 1913 war größer als das von Karl Lueger nur drei Jahre zuvor. 250.000 Menschen säumten die Straßen des Arbeiterbezirkes Ottakring, auf dessen Friedhof Schuhmeier seine letzte Ruhe fand.
Die Zeitungen, auch der Großteil der bürgerlichen Presse, waren sich in der Verurteilung der Tat zunächst einig. Die „Reichspost" schrieb: „... Nur ein Gefühl beseelt Freund und Gegner: das Entsetzen über das geschehne Verbrechen ... Verbrechen bleibt Verbrechen, von wem immer und an wem immer es begangen wird." Ähnlich auch die „Neue Freie Presse", die zwar die Lebensumstände und Lebensgeschichte Kunschaks in Betracht zog, aber dennoch meinte: „... die Christlichsoziale Partei und ihre Führer haben mit der Tat Kunschaks sicher nichts zu tun. Allein, wenn im Gehirn eines ihrer Parteigenossen der Gedanke auftauchen konnte, einem der sozialdemokratischen Führer ans Leben zu gehen ... so hat man Mühe, darin anderes zu sehen als den betrübenden Niederschlag jahrelanger Verhetzung ... die weder Ehre noch bürgerliche Existenz des politischen Gegners verschonte ... es kann kein Zufall sein, dass der erste politische Mord in Wien von einem christlichsozialen Parteigänger verübt wurde."
Paul Kunschak kam am 12. und 13. Mai 1913 vor ein Geschworenengericht, das sich zu zwei Dritteln aus Gewerbetreibenden, aus zwei Angehörigen des niederen Adels und einem Fabrikanten zusammensetzte, Arbeiter wurden nicht berücksichtigt. Man gab

sich durchaus in fairer Weise Mühe, die Beweggründe des Angeklagten zu verstehen, ließ ihn von zwei Psychiatern untersuchen, die zwar einige abnorme Charaktereigenschaften, aber keine Geisteskrankheit feststellen konnten. Man analysierte auch seine politischen Ansichten und stellte fest, dass er eigentlich zwischen den Sozialdemokraten und den Christlichsozialen stehe. Er wurde als gemäßigter Antisemit beschrieben, sozial orientiert, religiös, aber antiklerikal, Individualismus gehe bei ihm bis an die Grenze der Anarchie.

Paul Kunschak war sein ganzes Leben lang ein Zerrissener, einer, der alles wollte, überall dabei war oder glaubte, dabei sein zu müssen. In seiner Orientierungslosigkeit hatte er mit Franz Schuhmeier die einzige Bezugsperson ermordet, die ihn in seine politische Welt eingeführt und ihm für Jahre Halt gegeben hatte.

Im Prozess wurde Kunschak einstimmig zum Tod durch den Strang verurteilt, obwohl die christlichsoziale Presse versuchte, mit seiner Vita und dem gegen ihn verübten Gesinnungsterror

Zeitgenössische Karikatur der Arbeiterzeitung zum Tode Schuhmeiers.

Stimmung zu machen: Nicht der Mörder, der Ermordete sollte nun an der Tat schuld sein. So schrieb das „Deutsche Volksblatt": „Was muss der Mann gelitten haben, der die Waffe gegen Schuhmeier richtete, als den Repräsentanten jener Partei, die, blind einem jüdischen Parteidogma gehorchend, mit wirtschaftlicher Vernichtung gegen ihn vorging, ihm das Recht auf Arbeit, die Freiheit des Erwerbs raubte, weil er seine politische Überzeugung nicht ändern wollte." Auch die „Reichspost" hatte nun ihren Ton geändert und bezeichnete Kunschak als „Michael Kohlhaas" und Schuhmeier als den wahren Schuldigen, weil dieser Kunschak seinem christlichen Elternhaus entrissen habe. Kunschaks Gnadengesuch an den Kaiser wurde stattgegeben, dies nicht zuletzt deshalb, weil die Witwe Schuhmeiers ihn dabei unterstützte, da ihr Mann ein entschiedener Gegner der Todesstrafe gewesen war. Das neue Urteil lautet auf 20 Jahre Haft. Am 20. November 1918 wurde Paul Kunschak amnestiert und aus der Haft entlassen.

Die Alternative

Franz Schuhmeier war zum Zeitpunkt seines Todes erst 49 Jahre alt. Hätte es sich Paul Kunschak im Wirtshaus in Korneuburg überlegt und vom Attentat Abstand genommen, so ist anzunehmen, dass Schuhmeier auch in den folgenden Jahren zu den wichtigsten sozialdemokratischen Politikern der Monarchie gehört hätte. 1918, bei der Ausrufung der Ersten Republik, wäre er erst 54 Jahre alt gewesen, und es ist wahrscheinlich, dass man im „Roten Wien" kaum an einem Politiker vom Kaliber Schuhmeiers und an dessen Anhängerschaft vorbeigekommen wäre. Vermutlich wäre sein Name heute in einer Reihe mit Hugo Breitner, Julius Tandler, Jakob Reumann oder Karl Seitz zu nennen. Direkten Einfluss auf die österreichische Geschichte hätte er vermutlich nicht ausgeübt: Er war ein Mann der kleinen Leute und eine regionale Größe. In Wien aber hätte er nach dem Tod Viktor Adlers 1918 das Potenzial gehabt, zu einem der beliebtesten Politiker der Zwischenkriegszeit aufzusteigen.

Der verzweifelte Pazifist

Friedrich Adler und das Attentat auf Ministerpräsident Karl Graf Stürgkh (21. Oktober 1916)

Die Hintergründe

Die Ermordung des österreichischen Thronfolgers Franz Ferdinand durch Gavrilo Princip in Sarajevo am 28. Juni 1914 leitete einen vierjährigen Krieg ein, an dessen Ende die völlige Zerstörung Österreich-Ungarns und der Habsburgermonarchie stand. In ganz Europa herrschte im Spätsommer 1914 eine ungeheure Kriegshysterie. Man versprach sich vom Krieg die Lösung aller politischen Fragen, die man fast 30 Jahre vor sich hergeschoben hatte. Jede Nation hatte ihre Gründe, den Krieg zu befürworten: Die Deutschen sahen sich als die natürlichen Herren über Europa, die Franzosen wollten Rache für die Niederlage von 1870/71, die Russen betrachteten sich als Schutzmacht über die Slawen und wollten hier ihren Einfluss vergrößern, und die Briten wollten ihre Hegemonie auf den Weltmeeren, welche durch die deutsche Flottenrüstung bedroht war, erhalten. Für die Bewohner der Doppelmonarchie bestand die Hoffnung, das Problem Serbien mit seinem Traum von einem panslawistischen Großserbien an der Südostflanke des Reiches endgültig zu erledigen. Allen gemeinsam waren tiefe psychologische Gründe: Die Belle Époque hatte mit ihrem schönen Schein die allgemeine Stimmung von Verfall, Niedergang und Dekadenz überdeckt. Man versprach sich von einem „reinigenden Stahlgewitter" auch eine neue Moral für das noch junge 20. Jahrhundert.

Die Kriegsbegeisterung in Österreich erfasste alle Schichten der Bevölkerung. Zu dieser hemmungslosen Begeisterung konnte es überhaupt nur kommen, weil der Waffengang als gerecht empfunden wurde. Die Presse tat ihr Übriges, um die serbisch-österreichische Polemik anzufachen, und rief zum „Aufbruch der Nation" auf. Gleich wie in Deutschland, wo Kaiser Wilhelm ausrief: „Ich kenne keine Parteien mehr, nur noch Deutsche", verwischten sich auch in Österreich die politischen Differenzen angesichts einer angeblichen Bedrohung durch einen auswärtigen Feind. Friedrich Funder, Chefredakteur und Herausgeber der katholischen und monarchistischen „Reichspost", hatte verwundert bemerkt, dass die patriotische Begeisterung nicht nur die bürgerlichen Kreise der Hauptstadt erfasste, sondern er hatte auch jubelnde und marschierende Massen in den Arbeiterbezirken Ottakring und Favoriten beobachtet. Die „Arbeiter-Zeitung", das Organ der Sozialdemokraten unter ihrem Chefredakteur Friedrich Austerlitz, zeigte sich ebenso kriegsbegeistert, wenngleich aus anderen Gründen als die katholischen Großbürgerlichen, indem sie die deutsche Nation bewahren wollte, allenfalls über das Instrument des internationalen Proletariats: „Aber da das deutsche Vaterland in Gefahr", schrieb er, die Parteilinie Viktor Adlers vertretend, „da die nationale Unabhängigkeit des Volkes bedroht, tritt die Sozialdemokratie schützend vor die Heimat hin ... weiht dem Staate Gut und Blut der arbeitenden Massen".

Die Internationale hatte vorläufig verloren, in keinem der kriegswilligen Staaten war sie stark genug, um den Krieg zu verhindern. Jeder Versuch, sich gegen die anlaufende Kriegsmaschinerie zu stellen, musste ebenso enden wie der Versuch des Friedensbefürworters Jean Jaurés in Frankreich, der von einem fanatisierten Pöbel grausam ermordet wurde. Nur in Russland und in Frankreich wehrten sich die Arbeiter zunächst gegen den Krieg, was in der Folge zur Spaltung ihrer Parteien und in Russland zum Sieg des Kommunismus führen sollte.

In Österreich kam es nach den verlustreichen und verlorenen Feldzügen und Schlachten des Jahres 1915 zu einer teilweisen Ernüchterung in der Sozialdemokratischen Partei, die zu einer friedensbereiten Linie zurückfand, die der inzwischen schwer kranke Viktor Adler mit den Worten: „Das Ziel ist der baldige

Ministerpräsident Karl Graf Stürgkh.

Friede, was vermieden werden muss, ist die Niederlage", formulierte. Neben dieser defensiven Bejahung des Krieges versammelte sich am linken Flügel der Partei eine Gruppe um Friedrich Adler, den Sohn des Parteigründers, die den internationalistischen Gedanken hochhielt, da Otto Bauer, der natürliche Führer dieses Flügels, sich in einem Anfall von Kriegsbegeisterung freiwillig an die Front gemeldet hatte. Diese pazifistischen Dissidenten standen in krassem Gegensatz zu anderen österreichischen Sozialdemokraten wie Engelbert Pernerstorfer und Karl Renner, die in einer Niederlage der Monarchie die Zukunftschance für die Sozialdemokratie sahen. Dass der Wortführer dieser Dissidenten, Friedrich Adler, damit in schärfstem Widerspruch zu seinem Vater Viktor Adler stand, änderte nichts an der tiefen Freundschaft und Liebe zwischen Vater und Sohn.

Der Krieg forderte in den ersten beiden Jahren enorme Opfer, die Zahl der Toten, Verkrüppelten und Gefangenen ging in die Hunderttausende, 1915 kam auch noch der Hunger für die Zivilbevölkerung dazu. Die staatlichen Maßnahmen der Regierung unter Ministerpräsident Graf Stürgkh gingen weit über das notwendige Maß hinaus: Es herrschte eine uneingeschränkte und absolutistische Polizei- und Militärdiktatur, Pressefreiheit und Parlamentarismus wurden völlig unterdrückt. Auf einer Reichskonferenz der Sozialdemokraten formulierte Viktor Adler seinen Protest gegen die Zustände, eine schärfere Resolution seines Parteisekretärs Friedrich Adler wurde nicht angenommen. Genauso wenig konnte sich dieser auf einer Konferenz der Wiener Partei am 19. Oktober 1916 durchsetzen. Friedrich Adler sah nun keine andere Möglichkeit des Protests mehr: Am 21. Oktober nahm er seine Pistole, eine Browning, und ging zu Mittag in den Speisesaal des Hotels Meißl & Schaden am Neuen Markt 2. Hier pflegte Ministerpräsident Stürgkh zu Mittag zu speisen.

Das Opfer: Karl Graf Stürgkh

Stürgkh stammte aus der Steiermark, wurde 1859 in Graz geboren, und 1891 in den Reichsrat gewählt, wo er sich der Partei der verfassungstreuen Großgrundbesitzer anschloss. Nach dem Beschluss der Slowenisierung des Gymnasiums in Cilli legte er aus Protest sein Staatsamt nieder und wurde 1896 in den steirischen Landtag gewählt. Nachdem er in den Jahren 1909 bis 1911 Unterrichtsminister gewesen war, bestellte ihn Kaiser Franz Joseph 1911 zum Ministerpräsidenten. Am 16. März 1914 ließ Stürgkh den Reichsrat vertagen, regierte autoritär und widersetzte sich bis zu seinem Tod dem Verlangen der Sozialdemokraten nach einer erneuten Einberufung der gewählten Volksvertretung. Er galt den Sozialdemokraten als Symbol für staatliche Gewalt, dennoch bestritt Friedrich Adler später, ihn persönlich gehasst zu haben, indem er bei seinem Prozess ausführte: „Ich möchte aber sagen, dass Graf Stürgkh ein Gegner war, den ich in gewissem Sinne geachtet habe, weil er nämlich nicht von dieser österreichischen Immoral angekränkelt war. Er war aus anderem Holz als die, die sich ihn gefallen ließen ... Er war kein Mann des Fortwurstelns ... sondern er war ein Mann, der mit klarer Absicht und bewusst Österreich in einen absolutistischen Staat verwandeln wollte und der mit klarer Überlegung und fester Hand auf dieses Ziel zusteuerte."

Das Attentat

Der Speisesaal des Hotels Meißl & Schadn ist an diesem Tag mit Adeligen, Beamten und Offizieren voll besetzt. Adler bestellt zu essen – Reibgerstlsuppe, Rindfleisch mit Kohl –, dazu trinkt er Gießhübler Mineralwasser, als Dessert hat er Zwetschkenkuchen und dazu schwarzen Kaffee. Drei Tische weiter sitzt Stürgkh, auch er hat gerade sein Mittagsmahl beendet, liest die Zeitung und trinkt dazu Likör. Friedrich Adler, hier ganz der österreichische Revolutionär, bezahlt noch seine Zeche von acht Kronen und zwei Heller, dann steht er auf, zieht seine Pistole und tritt mit gezück-

ter Waffe vor Stürgkh hin. Dieser blickt kurz auf, hebt fragend seine Augenbrauen, dann treffen ihn zwei Schüsse in die Stirn, ein drittes Projektil verfehlt ihn. Stürgkh ist auf der Stelle tot, er stirbt neun Tage vor seinem 57. Geburtstag.
Adler geht ruhig Richtung Ausgang und wird dort vom Zahlkellner Fruhmann festgehalten. Die im Saal anwesenden Offiziere dringen erregt mit ihren Säbeln auf Adler ein, aus dessen Pistole sich ein weiterer Schuss löst. Adler versucht, ruhig zu bleiben:

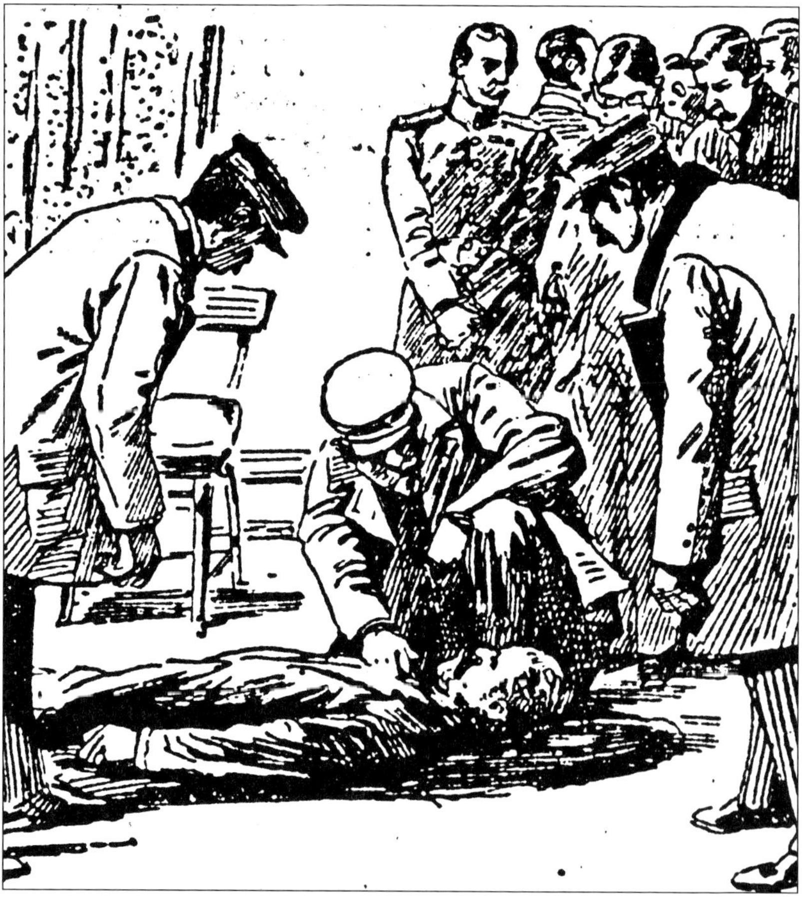

Der tödlich verwundete Karl Graf Stürgkh stirbt am Boden des Speisesaals im Hotel Meißl & Schadn.

„Ich bin der Dr. Adler, ich werde es vor Gericht rechtfertigen", ruft er, ehe man ihn abführt.
Im Arrestantenwagen wird Adler vom Polizeirat Johannes Schober, der später Bundeskanzler und Außenminister der Ersten Republik werden wird, einem ersten Verhör unterzogen: „Was ist Ihnen denn eingefallen?" wird Adler gefragt. „Eingefallen! Können Sie sich nicht in mein Inneres hineindenken? Wo alles in unserer Partei so feig ist und niemand Ideale hat. Ich habe mein Leben in die Schanze geschlagen, um den Zuständen ein Ende zu machen." Schober fragt ihn darauf, ob er bei der Tat auch an seinen alten Vater gedacht habe – Adler antwortet: „O ja, er muss es ertragen."

Der Täter: Friedrich Adler

Der Vater musste es sehr wohl hinnehmen – er war es schon gewohnt, hatte er doch die letzten Jahre einen ständigen Kampf gegen seinen eigenen Sohn um die Partei geführt. Dabei hatte Viktor Adler alles getan, um Friedrich Adler von einer Parteikarriere fernzuhalten. Friedrich wurde 1879 in Wien geboren, geprägt durch seine hoch politische Familie, wollte er Geisteswissenschaften studieren, um für die Parteiarbeit gerüstet zu sein, musste aber auf Wunsch des Vaters eine Realschule ohne Latein besuchen. Damit war ein Studium an der Wiener Universität nicht möglich, und Friedrich studierte in Zürich Mathematik, Physik und Chemie. Schwärmerisch veranlagt, wollte er vor dem Studium ein Jahr in einer Fabrik arbeiten, ein Wunsch, der vom strengen Vater ebenfalls abgelehnt wurde. In Zürich wurde er Studienassistent, dann Dozent, verlor aber eine Bewerbung um die Professur gegen Albert Einstein. Er betätigte sich in der Schweizer Sozialdemokratie, bis er nach einem Gewerkschaftsboykott vom Schweizer Parteivorstand nach Wien abgeschoben wurde. Friedrich Adler stand am Anfang einer Parteikarriere – abermals gegen den Wunsch des Vaters. Er wurde als einer der vier Parteisekretäre berufen und vertrat den linken Flügel. Aus Protest gegen die Unterstützung der Kriegspläne der Sozialdemokraten legte er beim Ausbruch des

Friedrich Adler.

Krieges alle Parteiämter zurück, blieb aber das linke Gewissen der Sozialdemokraten. Wegen der Aussichtslosigkeit seines Engagements und um ein Zeichen zu setzen, verübte er die Tat gegen Stürgkh, die später von tiefenpsychologischer Seite auch als ein Akt gegen den allmächtigen „Übervater" Viktor Adler gedeutet wurde. Danach hatte Friedrich Adler nicht nur den üblichen Vater-Sohn-Konflikt zu bewältigen, sondern dieser wurde noch verstärkt durch den Umstand, dass beide zu verschiedenen Flügeln der Partei gehörten und dass sich der Vater politisch stets durchsetzen konnte. Da er gegen den – trotz aller politischen Differenzen – geliebten Vater nicht auftreten konnte, habe er seinen Hass auf den Ministerpräsidenten Graf Stürgkh übertragen und diesen gleichsam stellvertretend ermordet. Der Angriff auf den „Übervater Stürgkh" sollte die Mächte der Rache wie Regierung und Gericht veranlassen, die Bestrafung des wirklichen Vaters vorzunehmen, um ihn dadurch klein und zu einem mitkämpfenden Bruder zu machen. Bei der Gerichtsverhandlung wurde von Seiten der Verteidigung angeregt, diese Theorie von Sigmund Freud vortragen zu lassen, allerdings entschied man sich dann auf Drängen von Julius Tandler, er war damals Dekan der Wiener Medizinischen Fakultät, für Julius Wagner-Jauregg als Gutachter der Verteidigung. Adlers Beschäftigung während der Haft mit Einsteins Gravitationstheorie und sein Versuch, sie zu widerlegen, können ebenfalls als Kampf gegen einen übermächtigen Gegner betrachtet werden. In diesem Punkt gab er jedoch schnell nach, als er einsah, dass er die Theorien Einstein kaum entkräften konnte. Einstein charakterisierte Adler vielleicht am treffendsten: „... ein ziemlich steriler Rabbinerkopf, starrsinnig, ohne Sinn für das Wirkliche. Ultraselbstlos, mit starkem Stich ins Selbstquälerische, ja Selbstmörderische. Eine richtige Märtyrernatur."

Die Konsequenzen

Hatte Adler gedacht, sein Attentat könnte ein Fanal sein, dass die Sozialdemokraten dazu bringen würde, ihre Meinung über den Krieg zu ändern, so hatte er sich gründlich geirrt. Die Partei distanzierte sich sofort von ihm, und sein Vater drang darauf, dass sein Sohn das Attentat infolge einer plötzlichen Geistesverwirrtheit begangen habe. Dies lehnte Friedrich Adler aber kategorisch ab, er legte Wert darauf, dass er die Tat bewusst und freiwillig begangen hatte, da sie sonst ja für die Arbeiterbewegung und für sein Land nutzlos gewesen wäre. Während die „Arbeiter-Zeitung" in den nächsten Tagen Stürgkh als einen Mann präsentierte, der zwar farblos gewesen sei, sich aber dennoch um einen Ausgleich zwischen den Klassen bemüht habe, wurde Adler als ein an sich selbst irre gewordener Fanatiker bezeichnet, dessen Stellung in der Partei schon längst unhaltbar gewesen sei.

Das Attentat und der einen Monat später erfolgte Tod des 86-jährigen Kaisers Franz Joseph verursachten ein Umdenken in der österreichischen Regierung. Der Nachfolger Stürgkhs, Ernst von Koerber, versprach die Einberufung des Parlaments und die Schaffung verfassungsmäßiger Zustände. Der ihm folgende, vom neuen Kaiser Karl eingesetzte Ministerpräsident Graf Clam-Martinic berief im Juni 1917 wieder den Reichsrat ein, dies nicht zuletzt unter dem Eindruck des Prozesses gegen Friedrich Adler am 18. und 19. Mai 1917, auf dem dieser, international stark beachtet, seine Tat und die dahinterstehende Politik in einem sechsstündigen Plädoyer verteidigte.

In seiner Rede kritisierte er schonungslos die Kriegspolitik der Regierung, er bekannte sich zur Gewaltfreiheit, die dann aufgehoben sei, wenn die Menschen nicht mehr miteinander reden und ein

Teil der Menschen einen anderen Teil unterdrücken und zum Sterben in den Krieg schicken würde. „Mord kann kein Privileg der Herrschenden sein. Wir leben in einer Zeit, wo die Schlachtfelder von Hunderttausenden von Toten bedeckt sind und Zehntausende Menschen in den Meeren liegen ... Aber wenn einmal ein Mensch fällt, der die Verfassung in Österreich vernichtet hat, der alles Recht und Gesetz zu Boden getreten hat, wenn einer der Schuldigen an allem Entsetzlichen fällt, dann tritt man mir entgegen und sagt plötzlich: Heilig ist das Menschenleben." Adler war davon überzeugt und auch im Prozess nicht davon abzubringen, dass sein Mord an Stürgkh, wenn schon nicht gesetzlich, so doch moralisch gerechtfertigt war. Es war ihm bewusst, dass mit einer solchen Verteidigung sein Todesurteil eine beschlossenen Sache war, aber davor scheute er nicht zurück, und er schloss mit den Worten Ferdinand Freiligraths: „Auf den Lippen den Trotz und den zuckenden Hohn, noch im Sterben rufend: Die Rebellion! So ist er mit Ehren erlegen. Nicht alle sind tot, die begraben sind. Denn sie töten den Geist nicht, ihr Brüder!"

Die „Arbeiter-Zeitung" druckte die Rede fast vollständig ab, und diese erregte im In- und Ausland ein solches Aufsehen, dass man die Äußerungen Adlers in den nächsten Prozesstagen zensurierte. Alle Tapferkeit und Zivilcourage nützten zunächst nichts. Adler wurde vom Gericht zum Tod verurteilt, das Berufungsgericht hob allerdings die Strafe auf und reduzierte sie auf 18 Jahre Kerker.

Adler wusste aber, dass der Krieg nicht endlos dauern könnte, und er ahnte, dass mit dem Ende des Krieges auch seine Freiheit wiederkommen würde. Er wurde als politischer Gefangener behandelt, durfte in seiner Zelle lesen und versuchte die Theorien Albert Einsteins zu widerlegen, der ihm aber bald bewies, dass er mit seinen Ansichten im Irrtum war.

In der Öffentlichkeit wurde die Tat Friedrich Adlers mit Fortdauer des Krieges immer stärker aufgewertet, man sah in ihm nun den klassischen Tyrannenmörder. Draußen wartete sein schwer kranker Vater auf das Ende des Krieges, am 2. November 1918 war es so weit: Das Ende der Monarchie brachte auch die Begnadigung des

Sohnes. Am 11. November, am Tag vor der Ausrufung der Republik, starb Viktor Adler, nachdem er seinen Sohn noch in die Arme schließen konnte.
Friedrich Adler ging zurück in die Politik und sah in seiner Eigenschaft als Vorsitzender des Reichsvollzugsausschusses des öster-

Das Hotel Meißl & Schadn am Neuen Markt in Wien, um 1910.

reichischen Arbeiterrates 1918/19 seine Hauptaufgabe darin, eine kommunistische Räteregierung in Österreich zu verhindern. Er wurde Sekretär der Sozialistischen Internationale und lebte in London, Zürich und Brüssel. Die Nazizeit überstand er in den USA, nach dem Kriege kehrte er nach Europa zurück und ließ sich bis zu seinem Tod 1960 in Zürich nieder.

Die Alternative

Hätte Friedrich Adler darauf verzichtet, am 21. Oktober 1916 im Speisesaal von Meißl & Schadn den österreichischen Ministerpräsidenten Graf Stürgkh zu erschießen, so hätte es wohl am Fortgang des Krieges kaum etwas geändert, ebenso wenig wäre es den Sozialdemokraten eingefallen, sich gegen die absolutistische Politik aufzulehnen. Vermutlich hätte die Regierung Stürgkh ihr Ende mit der Thronbesteigung Kaiser Karls gefunden, dem es bewusst war, dass, sollte auch nur die geringste Chance für Österreich-Ungarn bestehen, als Staat unbeschadet aus dem Krieg herauszukommen, er die Unterstützung aller Untertanen brauchte. So gesehen wären die Einberufung des Reichstages und die Lockerung der antiparlamentarischen Maßnahmen nach dem Tod des greisen Kaisers Franz Joseph in jedem Fall erfolgt. Unterblieben wäre wahrscheinlich die kritische Reflexion der Sozialdemokraten über ihre Rolle in den Jahren des Krieges. In diesem Punkt führte die Tat Friedrich Adlers mit Sicherheit zu einem Nach- und Umdenken. Ohne das Attentat wäre es für Adler vermutlich möglich gewesen, in der Ersten Republik eine entscheidende politische Rolle zu spielen, so musste er – und so sah er es als das Vernünftigste an –, belastet durch seine Tat, um dem politischen Gegner keine Handhabe gegen die Sozialdemokratie zu geben und um seiner eigenen Partei nicht zur Last zu fallen, ins Ausland gehen.

Die ungarischen Reaktionäre

Andor Fekete, Ladislaus Gireth und das Attentat auf Béla Kun (4. April 1920)

Die Hintergründe

In den letzten Wochen des Ersten Weltkrieges entstand in Ungarn am 4. Oktober 1918 mit dem ungarischen Nationalrat unter Ministerpräsident Mihály Károlyi ein „Gegenkabinett", das sich der legitimen Regierung widersetzte. Einen Tag später wurde eine Proklamation dieser Regierung veröffentlicht, in der demokratische Freiheiten für Ungarn gefordert wurden, darunter der Wechsel des Kabinetts und Parlamentssystems, ein unabhängiges Ungarn, die Beendung des Krieges und die Aufhebung der Allianz mit Deutschland, das allgemeine, gleiche und geheime Wahlrecht, Selbstverwaltung für die Nationalitäten, Vereinigungs-, Versammlungs- und Pressefreiheit, allgemeine Amnestie, schnelle wirtschaftliche Reformen und eine Bodenverteilung. Die folgende bürgerlich-demokratische „Asternrevolution" in der Nacht des 30. Oktober 1918 in Budapest verlief beinahe gewaltlos, dennoch wurde Ministerpräsident István Tisza von Unbekannten ermordet. Führende Kräfte im Staat waren nun die Arbeiter und die heimkehrenden Soldaten, die von ihren Uniformen die k. u. k. Abzeichen abrissen und Astern aufsteckten.

Am 3. November 1918 unterzeichnete der österreichische General Viktor Weber das Waffenstillstandsabkommen mit den Siegermächten auch im Namen Ungarns. Kaiser Karl verzichtete am 13. November auf seine monarchischen Rechte in Ungarn und überließ die Wahl der Staatsform der ungarischen Nation. Am 16. November löste sich das Parlament auf, der Nationalrat beschloss in einer „Volksresolution" die Errichtung einer Republik Ungarn. Wegen der inneren und äußeren Probleme – die Entente hielt das Land weiter unter einer Wirtschaftsblockade, Markensysteme statt Marktwirtschaft wurden eingeführt, die Produktivität der Landwirtschaft sank alarmierend – schwand das Vertrauen in die bürgerliche Regierung rasch. In der zweiten Novemberhälfte 1918 begann die rechte und linke Opposition mit der Organisation einer Gegenrevolution. Unter der Führung von György Szmrecsányi entstand die „Vereinigung des Erwachenden Ungarn", die demobilisierten Offiziere unter Gyula Gömbös gründeten die rechte „Ungarische Landwehr" (MOVE), die aus der Sowjetunion heimkehrenden Kommunisten unter Béla Kun sammelten sich in der „Partei der Ungarischen Kommunisten" (KMP) mit dem Ziel, eine Diktatur des Proletariats zu errichten.

Am 11. Jänner 1919 wählte der Nationalrat Mihály Károlyi zum provisorischen Präsidenten der Republik, allerdings verlor seine Partei die Macht in der Regierung an die Sozialdemokraten unter Dénes Berinkey, der zum neuen Ministerpräsidenten gewählt wurde. Dieser versuchte umgehend, den rechten und linken Radikalismus zu bändigen, indem er die „MOVE" und die „KMP" verbot und deren Führer, darunter Béla Kun, verhaften ließ. Bis zur Volksversammlungswahl Mitte April entstanden mehrere neue bürgerliche Parteien und Parteienbündnisse, während das militärisch wehrlose Land inzwischen zum Großteil von den Nachbarstaaten erobert wurde. In den Städten übernahmen die neu gebildeten Arbeiterräte zur Minderung der hohen Arbeitslosigkeit die Fabriken, am Land besetzten die Bauern den adeligen Großgrundbesitz. Eine Reform, die den Boden großzügig verteilen sollte, konnte allerdings nicht durchgeführt werden.

In dieser Situation beschloss die Regierung zurückzutreten und die Regierungsgewalt den Sozialdemokraten zu übergeben. Diese schlossen mit der verhafteten kommunistischen Führung Frieden, ließen Béla Kun frei und stimmten einer Diktatur des Proletariats zu. Zum Ministerpräsidenten wurde Sandor Garbai ernannt, die wahre Macht aber lag in den Händen Béla Kuns als Kommissar für äußere Angelegenheiten und als Kriegskommissar, der in der Folge die Sozialdemokraten immer mehr in den Hintergrund drängte und weite Unterstützung in der Bevölkerung fand. Kun begann Ungarn nach dem Vorbild der Sowjetunion zu organisieren und plante eine Union mit den Sowjets. Bei den Wahlen im April 1919 wurden die Wahlergebnisse massiv zugunsten der Kommunisten korrigiert. Wo sich Widerstand dagegen regte, schritten Rote Garden unter der Leitung von Kommissaren ein. Die politischen Parteien wurden verboten, jeglicher Privatbesitz, Fabriken, Minen, Banken wurden verstaatlicht, das Postwesen und die Eisenbahnen wurden unter die Kontrolle von Sowjets gestellt. Im daraus entstehenden finanziellen Chaos verlor die Währung rapid an Wert und wurde durch Notgeld und Naturalwirtschaft ersetzt. Als Béla Kun versuchte, auch die Verstaatlichung des Landbesitzes durchzusetzen und Kolchosen zu gründen, stieß er auf den erbitterten und militärisch organisierten Widerstand der Bauern, die eine Konterrevolution ausriefen.

Béla Kun besucht als Kriegskommissar ungarische Rote Garden.

Die Räterepublik, der nur eine schlecht organisierte und demoralisierte Armee von 60.000 Soldaten zur Verfügung stand, begann Ende März mit der Anwerbung einer Roten Armee in Ungarn – auch Freiwillige aus Österreich waren willkommen –, einerseits um das Land nach außen zu verteidigen, andererseits um die Kräfte der Konterrevolution im Land selbst zu bekämpfen.
Ab Mai 1919 bildete sich in Szeged gegen die Räterepublik Béla Kuns eine nationalistische Gegenregierung unter Admiral Nikolaus Horthy, die sofort mit der Organisation einer rechten ungarischen Nationalarmee begann. Die Mehrheit der Bevölkerung hielt weiteren militärischen Widerstand gegen die Armeen der Nachbarländer für aussichtslos und trat für eine bürgerlich-sozialdemokratische Regierung ein. Die Arbeiter der Großindustrie, die eigentlichen Träger der Räteregierung, waren von Krieg und Not erschöpft: Damit verlor die Räteregierung ihre Basis und ihre Macht.
Dennoch führte die Rote Armee am 20. Juli einen Angriff gegen die Rumänen an der Theiß durch. Nach einigen Erfolgen brach die Front zusammen und die rumänische Armee marschierte Richtung Budapest. Der regierende Rat der Räterepublik versammelte sich zum letzten Mal am 1. August 1919, die Mehrheit sprach sich für einen Rücktritt aus, eine sozialdemokratische Regierung übernahm die Macht – die 133 Tage der Räterepublik des Béla Kun waren zu Ende. Die rumänische Armee zog am 3. und 4. August in Budapest ein, ein Großteil der Volkskommissare, darunter auch Béla Kun, floh und emigrierte nach Österreich. Die Armee Horthys erreichte Budapest am 16. November. Gemeinsam mit der rumänischen Armee verjagte man die übrig gebliebenen Vorsitzenden der Räterepublik, rüstete die Rote Armee ab und übte grausame Vergeltung gegen die Sympathisanten der Räterepublik.
Erst Mitte November zogen sich die Rumänen auf Geheiß der Entente bis zur Theiß zurück, sie verließen das Land Ende März 1920. Schon am 1. März 1920 war Horthy zum Reichsverweser gewählt worden, und am 23. März proklamierte er Ungarn als „eine Monarchie mit vakantem Thron". Der Friedensvertrag der

Alliierten mit Ungarn wurde am 4. Juni 1920 in Trianon unterzeichnet.

Die Flucht Béla Kuns und sein Exil in Wien, von wo aus er ständig politische Fäden nach Ungarn zog, stellten eine stetige Bedrohung des Horthy-Regimes dar. In Budapest suchte man daher Mittel und Wege, um diese Bedrohung zu beseitigen.

Die Attentäter: Andor Fekete und Ladislaus Gireth

Über Andor Fekete und Ladislaus Gireth ist so gut wie nichts bekannt, beide scheinen eher zufällig als aus politischen Motiven in den Fall Kun verwickelt worden zu sein. Fekete dürfte der Kopf des Unternehmens gewesen sein: Er konnte zu jener Zeit, als er das Attentat in Wien vorbereitete, Dokumente vorlegen, denen zu entnehmen war, dass er sich im Auftrag des ungarischen Innenministeriums in Wien befinde. Angeblich hatte er in Budapest eine Boxschule betrieben und sei, weil in Geldnöten, von einem gewissen Rittmeister Pronay, der einem reaktionären Offiziersklub angehörte, angeworben worden, um Béla Kun in Wien zu beseitigen.

Über Gireth weiß man nur, was er bei den Vernehmungen zu Protokoll gab: Er sei 1901 in Budapest geboren, katholisch, Student und bis dato unbescholten. Betrachtet man die Vorgangsweise der Attentäter, so wird rasch klar, dass hier kaum Profis am Werk waren, die den Mord an Béla Kun versuchten, sondern Amateure, die eher für Geld als für eine politische Überzeugung morden wollten. Ebenso dürften die beiden kaum eine Ahnung gehabt haben, für wen sie nun wirklich arbeiteten. Zudem ist bis heute nicht geklärt, ob es wirklich die Regierung Horthy oder ein Klub national bewegter Offiziere war, welche Béla Kun beseitigt wissen wollten.

Das Attentat

Am 27. März 1920, also nur vier Tage nach der Proklamation Ungarns zur Monarchie, reisen Andor Fekete und Ladislaus Gireth von Budapest nach Wien. Sie haben leichtes Gepäck und wenig

Geld – ein Rucksack und 3000 Kronen an Barschaft ist alles, was sie an der Grenze vorzuweisen haben. Obwohl sie keine Einreisegenehmigung für Österreich haben, können sie die Grenze passieren. Zwei Tage später werden sie in Wien von der Polizei aufgegriffen. Nach einer Arreststrafe wegen des fehlenden Visums sollen sie nach Ungarn abgeschoben werden, können der Polizei allerdings am Ostbahnhof entkommen und sich im Hotel Jäger in der Hernalser Hauptstraße einmieten. Durch die Vermittlung eines Ungarn, den sie im Gefangenenhaus kennen gelernt haben, machen sie die Bekanntschaft eines gewissen Béla Szanto, den sie, unter ihrer Tarnung als ehemalige ungarische Rotarmisten, um eine Geldspende bitten. Szanto wird misstrauisch, da die beiden keine Ahnung von der ungarischen Roten Armee haben. Also geben sie sich als Agenten zu erkennen und erzählen Szanto, sie seien von der ungarischen Regierung angeworben worden, um Béla Kun, der sich zu jener Zeit als Internierter in der Heil- und Pflegeanstalt am Steinhof aufhält, entweder zu töten oder nach Ungarn zu entführen. Sie könnten sich den Auftrag allerdings überlegen, wenn ihnen Szanto zu Geld verhelfen würde.
Szanto lässt sich von den beiden Dokumente vorlegen, die offenbar die Richtigkeit ihrer Behauptung beweisen. Er lässt die Papiere fotografieren und verständigt Béla Kun von dem auf ihn geplanten Anschlag, ohne aber zu wissen, wie dieser ausgeführt werden soll. Auch Gireth und Fekete scheinen misstrauisch geworden zu sein und lassen sich, da Szanto sie wegen des Geldes immer wieder hinhält, nicht mehr bei ihm blicken.
Fekete und Gireth kaufen nun am 3. April 1920 Orangen, Backereien, Zigarren und Zigaretten ein, die sie im Hotelzimmer mit Hilfe einer bereits aus Ungarn mitgebrachten Spritze mit dem Gift Atropin, das schwere Atemlähmungen hervorrufen kann, präparieren. Als ihnen ein ungarisches Zimmermädchen auf einem Plan den Weg zur Heil- und Pflegeanstalt am Steinhof zeigt, meint Gireth scherzhaft: „Gib ihr ein Zuckerl“, was Fekete aus begreiflichen Gründen ablehnt.
Am nächsten Morgen, es ist der Ostersonntag des Jahres 1920,

macht sich Gireth allein mit einem Paket nach Steinhof auf. In dem Paket befinden sich 30 Stück kleine Bäckereien, eine Torte, eine Schachtel Bonbons, sechs Orangen und einige Zigarren und Zigaretten. In einem beigelegten Brief wird Béla Kun von einigen Anhängern als Führer gefeiert, die ihm „ewige Dankbarkeit" bescheinigen. Als der Portier in Steinhof meint, Gireth könne das Paket doch selbst im Pavillon 24 bei Kun abgeben, wird dieser verlegen, lässt das Paket liegen und entschwindet zur nächsten Straßenbahnstation. Durch dieses Benehmen wird der Dienst habende Kriminalbeamte stutzig und beschlagnahmt das Paket, ohne es zu öffnen, er hinterlegt es vorläufig im Dienstzimmer. Dort findet es die Schwägerin Béla Kuns zufällig, nimmt es an sich, ohne die Polizei zu informieren, und bringt es zum ehemaligen Volkskommissar Béla Kun, der es öffnet und den Inhalt an seine Verwandten und an zu Besuch weilende Freunde verteilt. Kurz nachdem man sich über den Inhalt hergemacht hat, zeigen die Anwesenden, darunter auch Béla Kun, erste Vergiftungserscheinungen, nur die rasche Reaktion der Ärzte kann den Ungarn das Leben retten. Bei der gerichtsmedizinischen Untersuchung wird später festgestellt, dass die Attentäter Atropin in flüssiger Form in die Lebensmittel injiziert haben. Die Menge hätte ausgereicht, um alle Anwesenden, die von den Lebensmitteln kosteten, zu töten. Gireth wird aufgrund der Beschreibung des Portiers zwei Tage später verhaftet, sein Komplize Fekete hat sich bereits nach Ungarn abgesetzt.

Das Opfer: Béla Kun

Béla Kun wurde am 20. Februar 1886 in Lele in Siebenbürgen, damals zu Ungarn gehörig, als Kind einer transsylvanischen Angestelltenfamilie geboren. Er studierte Recht, arbeitete dann als Journalist und war Mitherausgeber linksrevolutionärer Zeitungen. 1902 wurde er Mitglied der Sozialdemokratischen Partei Ungarns. Im Ersten Weltkrieg diente er als Fähnrich in der k. u. k. Armee und geriet 1916 in russische Gefangenschaft. Er wurde Führer der revolutionären Offiziere im Gefangenenlager Tomsk. Im Zuge der Februarrevolution in Russland schloss er sich der Partei der Bolschewiki an. Nach der Oktoberrevolution wirkte er in St. Petersburg als Parteifunktionär und hatte Kontakt zu Lenin. Er wurde Begründer der „Ungarischen Sektion" innerhalb der Bolschewiki, dann Führer der „Föderation Ausländischer Parteien", einer Vorstufe der Komintern. Mit Beginn der Intervention der Nach-Entente-Mächte in Sowjetrussland beteiligt sich Béla Kun an der Niederschlagung des Interventions- und Bürgerkrieges. Im November 1918, nach der bürgerlich demokratischen Revolution in Ungarn, kam Béla Kun nach Ungarn und gründete am 24. November 1918 die Kommunistische Partei Ungarns. Von der im Jänner 1919 gebildeten provisorischen bürgerlichen Regierung wurde die KMP verboten, führende Kommunisten wie Béla Kun wurden verhaftet. In der Folge kam es zum kommunistischen Aufstand und zur Gründung der Räterepublik, in der Béla Kun an vor-

Béla Kun spricht zu den Roten Garden in Budapest.

derster Stelle stand. Als Kommissar für Äußeres und als Kriegskommissar war er maßgeblich an der militärischen Verteidigung der Räterepublik gegen die innere Reaktion und gegen die äußere Intervention durch französische, rumänische, tschechische und slowakische Truppen beteiligt. Horthy zerschlug zusammen mit den Interventionstruppen am 1. August 1919 die Räterepublik, Béla Kun floh nach Österreich und wurde dort in der Heil- und Pflegeanstalt am Steinhof interniert.

Die Konsequenzen

Ladislaus Gireth wurde in Wien vor Gericht gestellt. Seine Verantwortung lautete dahingehend, dass Fekete der eigentliche Urheber des Attentates wäre und er überhaupt nichts von der Vergiftung der Lebensmittel gewusst hätte, eigentlich nur der Überbringer eines Geschenkes gewesen wäre.

So hilflos und ungeschickt dieses Attentat auf den ehemaligen Diktator Ungarns auch anmutet, so zeigt es doch, welchen Stellenwert die ungarische Führung unter Admiral Horty dem Exilanten beimaß und dass man es lieber gesehen hätte, wenn Béla Kun tot gewesen wäre. Kun blieb aber nicht lange in Wien, er wurde Ende 1920 nach „diplomatischen Sondierungen" aus der Wiener Internierung in die Sowjetunion entlassen und bekam dort Asyl. Er wurde Vorsitzender der ungarischen Auslands-KP und war im Komintern-Apparat tätig. Dort wurde er, nicht zuletzt wegen seiner eigenen „traumatischen Erlebnisse" in der Zeit des Ersten Weltkriegs, des Bürgerkriegs und der ungarischen Räterepublik, zu einem führenden Vertreter der „Offensivtheorie". Er war davon überzeugt, dass es gelte, mit putschistischen Mitteln die sozialistische Staatsmacht zu erringen, auch wenn keine ausreichende revolutionäre Situation oder der Konsens der Mehrheit der Bevölkerung dafür vorhanden wäre. Seine Politik im Rahmen der Komintern zeigte einen besonders starken Einfluss auf die Situation in der Weimarer Republik, die KPD versuchte, seine Theorie in die Tat umzusetzen, scheiterte aber im Bürgerkrieg. 1928 bemühte sich Kun nochmals, in Österreich Fuß zu fassen, landete kurz im Gefängnis und wurde dann wieder in die Sowjetunion ausgewiesen. Am 30. November 1939 wurde Béla Kun Opfer des stalinistischen Terrors. Nachdem man ihn der Abweichung des Trotzkismus beschuldigt hatte, wurde er in den Kellern der Lubjanka hingerichtet.

Die Alternative

Béla Kun übte zwar nach seiner Wiener Internierung einen wesentlichen Einfluss auf die 3. Internationale und die Komintern aus, sein Einfluss auf die Geschichte war aber dadurch, dass alle jene Parteien, die seine Offensivtheorie in der Zwischenkriegszeit propagierten, von den Kräften der Reaktion besiegt wurden, gering. So gesehen hätte der Tod Béla Kuns am Steinhof kaum etwas am Gang der europäischen Geschichte oder der kommunistischen Bewegung geändert. Es darf allerdings nicht vergessen werden, dass die Theorie Béla Kuns nach dem Zweiten Weltkrieg in einer Reihe von osteuropäischen Staaten zum Erfolg führte und die Entstehung kommunistischer Diktaturen ermöglichte. Da er seine Thesen erst nach seiner Wiener Zeit propagierte, könnte hier ein gewisser Einfluss auf den Gang der Geschichte angenommen werden. Wahrscheinlich hätte Béla Kun, wäre er nicht schon 1939 dem stalinistischen Terror zum Opfer gefallen, im kommunistischen Ungarn nach dem Zweiten Weltkrieg eine wesentliche Rolle spielen können.

Der Attentäter aus Verzweiflung

Karl Jaworek und das Attentat auf Ignaz Seipel (1. Juni 1924)

Die Hintergründe

Der verlorene Weltkrieg und das Auseinanderbrechen der Monarchie hatten die Wirtschaft aller Nachfolgeländer auf das Schwerste geschädigt. Dazu kam, dass die Monarchie, um den Krieg finanzieren zu können, kontinuierlich die Notenpresse laufen ließ, dadurch die Geldmenge vermehrte und die Kaufkraft verringerte. Das Ergebnis war eine Inflation, die um 1914 schleichend ausbrach, in der Folge aber rasch eskalierte. So betrug die Inflation im Juli 1916 rund 400 Prozent des Vorkriegsniveaus, ein Jahr später stieg sie nochmals auf das Doppelte an, und zu Kriegsende betrug der Kurswert der Krone nur mehr ein Drittel des Wertes von 1914. Nach dem Krieg drehte sich die Inflationsspirale weiter, die Banknotenpressen spien ungebremst die Kronennoten aus, die Preise stiegen, die Löhne stiegen mit – allerdings nicht so schnell. Alle Sparvermögen wurden in kürzester Zeit vernichtet. Kostete ein Straßenbahnfahrschein 1918 noch 40 Heller, so waren es im Oktober 1922 bereits 1700 Kronen. Der Banknotenumlauf vermehrte sich so schnell, dass die Löhne mit den Preisen kaum mehr mitkamen. Löhne, die oft mit mehrtägiger Verspätung ausbezahlt wurden, weil keine Banknoten zur Verfügung standen, waren am Tag der Auszahlung oft das Papier nicht mehr wert, auf das sie gedruckt waren.

Fast alle Bevölkerungsgruppen waren von den Folgen der Inflation betroffen, wobei die Arbeiter durch die neu eingeführten Kollektivverträge noch am besten geschützt waren, da diese alle zwei Monate eine Anpassung der Löhne an die Teuerung vorsahen. Hart getroffen wurde dagegen der Mittelstand, vor allem die Beamten und Angestellten, die den Krieg mit ihren Spareinlagen und der Zeichnung von Kriegsanleihen finanziert hatten – diese wurden nun, ebenso wie die Sparguthaben, über Nacht völlig entwertet. Die Verarmung des Mittelstandes in der Inflationszeit führte nicht nur zu sozialen Problemen, sondern auch zu einer politischen Polarisierung, welche die gesamte Geschichte der Ersten Republik bestimmen sollte. Diese Kreise sahen die Ursache ihrer wirtschaftlichen Notlage vor allem in der Demokratie und wandten sich in der Folge antirepublikanischen und antiparlamentarischen Strömungen wie der Heimwehr und später dem Nationalsozialismus zu.

Die Politik stand dem Phänomen der Inflation zunächst hilflos gegenüber. Eine Sanierung des Staatshaushaltes war notwendig geworden, und beide politischen Lager waren sich dessen bewusst. Allein niemand wollte die Finanzreform vorantreiben, um die eigene politische Klientel zu schonen. Diese Uneinsichtigkeit führte zur Finanzkatastrophe von 1922. Der Sommer dieses Jahres brachte Österreich eine Hyperinflation, die Preise stiegen in die Milliarden, und nachdem es gegen den Widerstand der österreichischen Banken keine nationale Lösung zur Sanierung geben konnte, beschloss der seit dem 31. Mai 1922 im Amt befindliche Bundeskanzler Ignaz Seipel, ausländische Hilfe in Anspruch zu nehmen. Der Völkerbund gewährte Österreich eine Anleihe von 650 Millionen Goldkronen gegen die Zusicherung eines Reform- und Sanierungsprogramms, das nach zwei Jahren einen ausgeglichenen Staatshaushalt garantieren sollte.

Im November 1922 wurde das Wiederaufbaugesetz beschlossen, das von der Idee des Gesundschrumpfens der Wirtschaft ausging. Man entließ 73.000 Beamte aus dem Bundesdienst, hob Zölle und Tarife kräftig an, erhöhte die Steuern auf Zucker, Tabak und Alkohol und führte die Warenumsatzsteuer ein. Ende 1923 war das Budget bereits ausgewogen, und man plante mit 1. Jänner 1925 die Einführung eines neuen Zahlungsmittels, des Schillings.

Der Staatshaushalt war also auf dem Wege der Sanierung, allerdings waren die Opfer für die Bevölkerung nicht geringer geworden. Der Abbau von Zehntausenden Beamten, die Lohnkürzungen für die anderen Arbeitnehmer und die Verteuerung vieler Waren verringerten die Kaufkraft der Bevölkerung, die deflationäre Wirtschaftpolitik ließ jeden Anreiz für die Wirtschaft vermissen, neue Arbeitsplätze zu schaffen. Dies bewirkte ein deutliches Ansteigen der Arbeitslosenzahlen. Gab es 1922 nur 103.000 Arbeitslose, so waren es 1923 bereits 212.000, und diese Zahl sollte bis 1926 kontinuierlich auf 244.000 oder elf Prozent ansteigen. Der Staat war saniert, die österreichische Nationalbank wies laufend Überschüsse auf, die einfache Bevölkerung konnte allerdings nicht davon profitieren. Seipel hatte es zwar geschafft, die Währung zu sanieren, nicht aber die Volkswirtschaft. Die einfachen Leute sahen nur ihre schlechte wirtschaftliche Situation, die sie täglich zu fühlen bekamen: Unter den Arbeitern herrschte die einhellige Meinung, dass Seipel der Schuldige war.

Das Opfer: Ignaz Seipel

Ignaz Seipel wurde 1876 in Wien geboren, er war Priester und Theologe. In die letzte kaiserliche Regierung trat er als Sozialminister ein, am 9. Juni 1921 wurde er zum Obmann der Christlichsozialen Partei gewählt. Die katholische Kirche, der er angehörte, verkörperte für ihn die Welt, und er versuchte, nicht nur sich selbst, sondern auch die Philosophie des gesamten Staatswesens der Kirchenmoral zu unterwerfen. Er betrachtete die Arbeitenden als unglückliche Masse, denen nicht der Sozialismus oder Marxismus helfen konnte, sondern allein das Heil der Religion. Sein Versuch, Politik mit Seelsorge zu vereinen, musste scheitern, da die Arbeitenden nicht zu überzeugen waren, soziale Errungenschaften gegen die „Sanierung der Seelen" einzutauschen. Dachten die Sozialdemokraten unter der Führung Otto Bauers an eine materielle Besserstellung des Menschen als Zweck der Politik, so war es bei Seipel „... die sittliche Umge-

Bundeskanzler Ignaz Seipel.

staltung des Menschen, durch welche die Menschen auf Dauer besser und glücklicher werden könnten".

Seipels Politik zerriss aber nicht nur die politischen Lager in Österreich, sondern auch ihn selbst. Der Sozialdemokrat Wilhelm Ellenbogen charakterisierte Seipel mit folgenden Worten: „Der innere unlösbare Widerspruch in ihm bestand darin, dass das hohe Ethos, das einer der Grundzüge seines Wesens war, durch seinen politischen Machtwillen verzerrt und verfälscht wurde. Und dass umgekehrt sein priesterliches Ethos geschwächt und gehemmt wurde." Die Notwendigkeit der Politik brachte es mit sich, dass Seipel als Politiker hart und unbeugsam sein musste, wo er als Priester milde, verständnisvoll und barmherzig sein hätte sollen. Dabei war er ein durchaus begabter Politiker, wie seine Währungssanierung zeigt. Sein politischer Katholizismus mit seinem Glaubensanspruch, wo eigentlich Überzeugungsarbeit nötig gewesen wäre, brachte ihn aber in die Nähe des autoritären Staates und führte zu einer Sympathie für den Austrofaschismus in seinen späteren Lebensjahren. Während seiner ersten Kanzlerschaft von 1922 bis 1924 war er unter der Arbeiterschaft der meistgehasste christlichsoziale Politiker. Es ist daher kaum verwunderlich, dass sich am 1. Juni 1924 in der Person Karl Jaworeks ein persönlich Verzweifelter fand, der den aus seiner Sicht an seinem Elend schuldigen Seipel beseitigen wollte, um die Verhältnisse in Österreich wieder ins Lot zu bringen.

Das Attentat

Mit dem Bekanntwerden der Sanierungspläne setzt eine Hetzkampagne der Sozialdemokraten gegen Seipel ein, deren Tenor ist: „Seipel lässt die Staatswirtschaft Österreichs lieber der Kontrolle des Auslandes unterwerfen, als sie unter die Kontrolle der Arbeiterklasse fallen zu lassen." Es kommt zu zahlreichen sozialdemokratischen Versammlungen, in denen die Kritik an Seipel weiter verkürzt wird, bis zuletzt ein Satz überbleibt: „Der Seipel muss weg." Man mag nun darüber streiten, ob dies bei einfacheren Gemütern auch als Aufforderung zum Mord gelten könnte, tatsächlich kommt es in der Folge zu öffentlichen Demonstrationen, bei denen man am Galgen hängende Seipel-Puppen herumträgt. Auch die Spottlieder von der Gaslaterne, auf der man Seipel gerne hängen sehen würde, und das Gedicht von „Seipels trauriger Himmelfahrt", die per Flugblatt in Wien verbreitet werden, tragen zu einer Atmosphäre bei, die ein einfacher Charakter wie der Arbeiter Karl Jaworek als Aufforderung zur Tat verstehen könnte. Jaworek gibt später selbst zu Protokoll, dass er immer wieder gehört habe, dass „der Seipel, dieses Ungeheuer", schuld an der wirtschaftlichen Notlage der Arbeiter sei. Sogar die Kinder hätten damals gesungen: „Wo g'hört der Seipel hin, wo g'hört der Seipel hin? Der Seipel g'hört in'd Wurstmaschin', ja dort g'hört er hin." All diese Propaganda, all die vielen öffentlichen Reden und kleinen privaten Gespräche lassen in Jaworek Ende 1923 den Gedanken reifen, Seipel zu töten und dann Selbstmord zu begehen. Als er im Frühjahr 1924 durch eigene Schuld – er kommt durch eine Unterschlagung mit dem Gesetz in Konflikt – in tiefste wirtschaftliche Not gerät, befindet er sich nach seinen eigenen Worten in einem Zustand solcher Verzweiflung, dass er an Selbstmord denkt. Allerdings will er seinem Leben ein Sinn geben, indem er Seipel „mitnimmt", um so die Arbeiterschaft zu befreien. Er erfährt, dass Seipel am 1. Juni 1924 in Neudörfl im Burgenland auf einer Versammlung sprechen würde, und fasst den Entschluss, diesen Tag für seinen Attentatsplan zu nutzen. Allerdings will er vorher „noch einige Tage das Leben in vollen Zügen" genießen. So fährt er am 31. Mai mit seiner geladenen fünfschüssigen italienischen Armeepistole, die er noch aus dem Weltkrieg besitzt, von Baden bei Wien nach Graz, nachdem er 830.000 Kronen Krankenkassengeld, das eigentlich seiner Schwägerin gehört, unterschlagen hat. In Graz quartiert er sich in einem guten Hotel ein, lässt sich bewirten und schreibt einen Abschiedsbrief an seinen Bruder und seine Eltern, bevor er zu einem Freudenmädchen geht. Am nächsten Morgen fährt er nach Bruck an der Mur, schreibt dort einen Abschiedsbrief an seine Frau, und weiter nach Wiener Neustadt, wo er seine Abschiedsbriefe und Karten aufgibt. „... Ich mach euer Glück", schreibt er auf die letzte Karte an seinen Bruder. Gegen sechs Uhr

abends nimmt er den Balaton-Express von Wiener Neustadt nach Wien und kann von seinem Abteil aus zusehen, wie Seipel, der von einer Fahnenweihe der katholischen Burschenschaft in Neudörfl kommt, in den am Schluss des Zuges angehängten Salonwagen steigt.
In Wien angekommen, eilt Jaworek in die Ankunftshalle des Südbahnhofes, um auf Seipel zu warten. Als dieser kommt, überholt er ihn, macht vor Seipel aber plötzlich eine Wendung und feuert ihm aus einer Entfernung von etwa einem Meter einen Schuss in die Brust, der die Lunge durchschlägt und den Bundeskanzler schwer verletzt. Ein zweiter Schuss geht fehl. Sofort stürzen sich der Bahnhofsvorstand und ein Kriminalbeamter auf Jaworek und halten ihn fest, allerdings kann er noch seine Waffe drehen, den Revolver gegen die eigene Brust richten und zwei Schüsse abgeben, die ihn nur leicht verletzen.
Seipel bemerkt durch den Schock zunächst nichts von seiner Verletzung und glaubt, dass eine Explosion an einer Lokomotive erfolgt sei. Er strebt weiter dem Ausgang zu, wo er bemerkt, dass eine erregte Menschenmenge auf Jaworek einzuschlagen beginnt. „Nicht schlagen", ruft er und bittet den ihn begleitenden Kriminalbeamten Heger, dafür zu sorgen, dass man Jaworek beschütze, dann bricht er zusammen.

Der Täter: Karl Jaworek

Karl Jaworek war zum Zeitpunkt des Attentates 29 Jahre alt, geboren wurde er 1895 in St. Georgen am Steinfeld in der Nähe von St. Pölten. Er stammte aus einer Familie von tschechischen Spinnereiarbeitern, seine Ausbildung beschränkte sich auf fünf Klassen Volksschule, ehe auch er in der Spinnerei zu arbeiten begann. Von 1901 bis 1909 arbeitete er in Ochsenburg, dann ging er nach Deutschland. Im Ersten Weltkrieg diente er in der Marine auf dem Kreuzer „Novara", einem der wenigen Schiffe, das nicht an der Revolte von Cattaro teilgenommen hatte. Nach dem Krieg versuchte er, wieder im zivilen Leben Fuß zu fassen, allerdings

Karl Jaworek.

scheint er ein abenteuerlicher Typ gewesen zu sein, den Uniformen, das Militär und Befehlshierarchien faszinierten. So meldete er sich nach seiner Rückkehr nach Wien zu einer Marineabteilung der Volkswehr, später zog er mit Freiwilligen zur Unterstützung der Räterepublik nach Ungarn, musste aber von dort überstürzt flüchten. 1919 bewarb er sich vergeblich um die Aufnahme in die Wiener Sicherheitswache, dann arbeitete er in verschiedenen Spinnereien im Wiener Becken. Zeitweise versuchte er sich als Betriebsratsobmann, musste die Stelle allerdings wieder zurücklegen, da ihm, wie seine eigenen Genossen meinten, „... absolut die Fähigkeiten dazu fehlen".

Jaworek war im zivilen Leben ein Verlierer, ein Eigenbrötler, dessen politische Anschauungen verworren und schwankend waren. Seine Ehe hielt nur kurz und war zum Zeitpunkt des Attentates heillos zerrüttet. 1923 kam er mehrmals mit dem Gesetz in Konflikt und wurde wegen Diebstahls, Ehrenbeleidigungen, nächtlicher Ruhestörung und Beleidigung von Wachebeamten zu Geld- und Arreststrafen verurteilt. Auch das Gerichtsgutachten über seinen psychischen Zustand bezeichnete ihn als „unstet, abweisend, nörgelnd, überempfindlich, ungesellig und innerlich gereizt", also als einen Menschen, der mit sich selbst nicht zufrieden war und der versuchte, seinem Leben, das ihm nicht mehr lebenswert erschien, einen Sinn zu geben, bevor es endete. Später sprach Jaworek davon, dass ihm das Attentat von Kunschak auf Schuhmeier als Vorbild gedient habe; er habe es zwar nicht bewusst nachgeahmt, sich aber dasselbe Verhaltensmuster, ein Schusswaffenattentat auf einem Bahnhof, angeeignet. Seine Tat war also die Wiederholung des Attentates auf Franz Schuhmeier – mit vertauschten politischen Vorzeichen.

Die Konsequenzen

Das Attentat auf Seipel fand in der Presse breiten Widerhall. Während die bürgerlichen Zeitungen schwere Anschuldigungen gegen die Sozialdemokraten erhoben und an eine Verschwörung glaubten, betonten die Sozialdemokraten und auch die Kommunisten den individuellen Charakter der Tat, wiesen aber gleichzeitig darauf hin, dass der Täter durch die Politik des Bundeskanzlers zu seiner Tat getrieben worden sei – auch hier die Umkehrung der Schuldthesen, ähnlich wie beim Attentat gegen Franz Schuhmeier. Seipel wurde in der sozialdemokratischen Presse nicht persönlich angegriffen, sondern für seine Bescheidenheit und seinen schlichten Lebensstil gelobt. Zwar wurde der politische Mord an einem politischen Gegner als letzter Akt legitimer Verteidigung der Menschenrechte gewürdigt, gleichzeitig aber für den demokratischen Staat abgelehnt.

Das Attentat auf Seipel hatte keine direkten politischen Folgen, schadete allerdings langfristig der österreichischen Demokratie, indem es ein willkommener Anlass für eine weitere Verschärfung der politischen Gewaltspirale war. Der Mordversuch Jaworeks war – entgegen seiner später immer wieder geäußerten Beteuerung, er habe ein politisches Attentat verübt – eine Einzeltat aus persönlicher Verzweiflung. Doch da die Christlichsozialen die Tat der gesamten Sozialdemokratie anlasteten, nützten sie die Märtyrerrolle Seipels zur Polarisierung ihrer Anhänger gegen den politischen Gegner, der nun zum „Feind" mutierte.

Jaworek scheint sich erst in der Haft der Tragweite seiner Tat bewusst geworden zu sein und bereute sie nun zutiefst. In einem langen Brief bat er Seipel um Verzeihung, und als man ihn am 1. Dezember 1924 vor Gericht stellte, schrieben die Zeitungen: „Einen so zusammengeknickten Angeklagten von 29 Jahren wie diesen Jaworek hat man niemals vor Gericht gesehen. Nur

Zerknirschung und Tränen nahm man wahr ..." In erster Instanz wurde Jaworek zu dreieinhalb Jahren schweren Kerkers verurteilt, das Berufungsgericht erhöhte die Strafe auf fünf Jahre.
Jaworek verbüßte zunächst nur drei Jahre, dann wurde er auf Empfehlung Seipels, der die Familie Jaworeks während dieser Zeit finanziell unterstützte, auf Bewährung entlassen, fand aber, da ihn jeder als Seipel-Attentäter erkannte, keinen Halt mehr im bürgerlichen Leben. Er wurde erneut straffällig und musste den Rest seiner Strafe absitzen. Danach war ihm eine Eingliederung in die Gesellschaft verwehrt, jeder kannte den Attentäter. Nach dem Einmarsch der Nazis weigerte er sich als Sozialdemokrat, an der Volksabstimmung am 10. April 1938 teilzunehmen. Dafür steckten ihn die Nazis für die Dauer des Krieges in das KZ Dachau. Nach dem Krieg lebte er ab 1948 unter ärmlichsten Verhältnissen in Westösterreich.
Seipels Genesung dauerte bis zum 3. Juli. Im November 1924 musste er als Bundeskanzler demissionieren, blieb aber Obmann des christlichsozialen Abgeordnetenklubs. Die folgende Regierung unter dem Salzburger Rechtsanwalt Rudolf Ramek blieb bis 1926 im Amt, worauf Seipel das Amt des Bundeskanzlers nochmals bis 1929 ausübte. Nach dem Juli 1927, als er gegenüber jenen Demonstranten, die wegen des Freispruches der Arbeitermörder von Schattendorf revoltierten, zu keiner Milde bereit war, was ihm den Beinamen „Prälat ohne Gnade" eintrug, versuchte er, Christlichsoziale, Großdeutsche und Landbund zu einer antimarxistischen Einheitsfront zusammenzuschließen, und stärkte besonders die Heimwehr, trat aber am 3. April 1929 aus bis heute nicht ganz geklärten Gründen, die wohl mehr persönlicher Natur waren, zurück. 1930 übernahm er für kurze Zeit nochmals das Amt des Außenministers, nach einem erfolglosen Versuch einer Regierungsbildung nach der Krise der Creditanstalt im Mai 1931 zog er sich völlig aus dem politischen Leben zurück. Im Frühjahr 1932 unternahm Seipel eine Reise nach Palästina, von der er schwer krank zurückkehrte. Er starb Anfang August in Pernitz. Es wurde oft darüber gerätselt, ob sein Tod mit den Verletzungen, die

er beim Attentat Jaworeks erlitten hatte, in einem Zusammenhang stand. Das konnte zwar nie bewiesen werden, doch ist anzunehmen, dass das Attentat seinen durch Diabetes angegriffenen Körper weiter geschwächt und zu seinem Tod, wenn auch nicht ursächlich, beigetragen hatte.

Die Alternative

Geht man von der Annahme aus, Jaworek hätte sich die ganze Sache in Graz nochmals überlegt und wäre nicht nach Wien, sondern wieder nach Hause gefahren, so hätte dies am Verlauf der österreichischen Politik der 20er-Jahre kaum etwas geändert. Zwar führte das Attentat zu einer schnelleren und deutlicheren Polarisierung der politischen Lager, diese wäre aber auch ohne diese Tat bis 1930 auf alle Fälle eingetreten. Allerdings hätte ein gesünderer Seipel – hätte er die Gelegenheit gehabt, länger in der österreichischen Politik tätig zu sein – vielleicht ab 1932 auf eine Einbindung der Nationalsozialisten in die Regierung gedrängt. Gewisse Äußerungen in den letzten fünf Jahren seines Lebens lassen darauf schließen, dass er überlegte, wie er den Nationalsozialismus für seine politischen Pläne nützen könnte. Vermutlich hätte aber auch eine frühe Regierungsbeteiligung der Nationalsozialisten mit ihrer nach Deutschland gerichteten Fixierung kaum einen Anschluss Österreichs an das Dritte Reich verhindert – vielleicht hätte sich der Zeitpunkt verschoben, kaum aber das Ergebnis.
Ebenso kann man annehmen, dass die Geschichte Österreichs bei einem geglückten Attentat keine wesentliche Zäsur erfahren hätte. Der Tod Seipels am 1. Juni 1924 hätte die Gräben zwischen den weltanschaulichen Kräften schneller vertieft, gegen Ende des Jahrzehnts wäre das Ergebnis der österreichischen Politik vermutlich wieder das gleiche gewesen. Die Richtung der österreichischen Geschichte lief stetig auf den Abgrund einer gewaltsamen Auseinandersetzung zwischen Konservativen und Sozialdemokratie zu. Weder das Fehlen noch das vollständige Gelingen des Attentates auf Seipel hätten daran etwas geändert.

Der Sittlichkeitsfanatiker

Otto Rothstock und das Attentat auf Hugo Bettauer (10. März 1925)

Die Hintergründe

Der Erste Weltkrieg hatte nicht nur zu Veränderungen in der politischen Landschaft Europas geführt, sondern hatte auch dadurch, dass er der erste Krieg war, in dem nicht nur die Soldaten, sondern auch die Zivilbevölkerung in weitem Maße betroffen war, gewaltige gesellschaftliche Veränderungen gebracht. Da die wehrfähigen Männer an der Front waren, mussten im Hinterland die Frauen deren Arbeitsplätze übernehmen. Dies führte zu einer starken weiblichen Emanzipationsbewegung, da es – was im 19. Jahrhundert lange von Seiten der Männer widersprochen wurde – völlig klar wurde, dass Frauen und Männer in jeder Beziehung ebenbürtig waren und auf jedem Gebiet Gleiches zu leisten fähig waren. Als die Männer aus dem Krieg zurückkamen und ihre Arbeitsplätze wieder beanspruchten, kehrten zwar viele Frauen wieder zurück an den Herd, die Lektion der Zeit von 1914 bis 1918 wurde aber nicht vergessen. Die Frauen machten sich auf, den ihnen zustehenden Platz in der Gesellschaft zu erobern.

Zugleich propagierte die nun aufstrebende Sozialdemokratie ein neues Bild von Familie und Partnerschaft: Die Frau wurde nicht mehr als der Untertan des in patriarchalischem Stil in der Familie herrschenden Mannes betrachtet, sondern als Kamerad, mit dem es galt, die Widrigkeiten der Zeit zu teilen und gemeinsam für das Einkommen und die Familie zu sorgen. Dieses neue Frauenbild fand am Beginn der 20er-Jahre in vielfältiger Weise auch im Körperbewusstsein der Frauen seinen Ausdruck: Die langen aufgesteckten Haare verschwanden und machten dem Bubikopf Platz, das einengende Mieder wurde zugunsten des männlichen Garçonnestils in der Mode aufgegeben, und die prüde und verklemmte Sexualmoral der Jahrhundertwende wurde aufgeweicht. Der Körper wurde nun der Luft und der Sonne ausgesetzt, die Nacktkörperkultur fand ihre Anhänger, und die Ehe wurde nicht mehr zum reinen Zweck der Schaffung von Nachkommenschaft geschlossen, sondern man erkannte – nicht zuletzt durch die Schriften eines Freud, Jung und Adler –, dass ein erfülltes Sexualleben einen wesentlichen Teil der menschlichen Existenz und Gesundheit darstellt. Dazu kamen Phänomene wie der neu entstehende Massensport und die Neudefinition des Verhältnisses von Jugend und Elterngeneration – Dinge, die die noch von der Monarchie geprägte Generation zutiefst verstörten und sie nach einem Schuldigen an den geänderten Verhältnissen suchen ließ.

Der wesentliche Exponent der Wiener Kulturszene, der als Erster auf diese neuen gesellschaftlichen Entwicklungen reagierte, war Hugo Bettauer. Wandte er sich in seinen ersten Romanen vor allem gegen den latenten Antisemitismus, so begann er ab 1924 mit seinem Mitherausgeber Rudolf Olsen in der „Wochenschrift für Lebenskultur und Erotik" und der Zeitschrift „Er und Sie" auch an sexuellen Tabus zu rühren. Nach der Beschlagnahme der beiden Zeitschriften trat er in „Bettauers Wochenschrift, Probleme des Lebens" in erotischen, literarisch anspruchslosen Erzählungen und „sexualwissenschaftlichen und sozialpolitischen Artikeln" gegen die sexuellen Tabus, die sexuelle Heuchelei und für die weit gehende Emanzipation der Frauen ein. Daneben behandelte er Themen wie die gesellschaftliche Geschlechterhierarchie und schrieb offen über Prostitution, Abtreibung und Promiskuität, die er allerdings nicht einer moralischen Bewertung unterzog, sondern als soziale Phänomene betrachtete.

Da Bettauer zudem gebürtiger Jude war, schoss sich die bürgerliche und nationale Presse sofort auf ihn ein. Man sah in seinen Schriften einen Angriff auf die christlichen Grundwerte, man befürchtete das „Hinlenken jugendlicher Seelen auf das Sexualleben in seiner niedersten und perversesten Form", man fürchtete

„... die Phrasen von Weltverbesserung und jugendlichem Selbstbestimmungsrecht" und erkannte in Bettauer „... den Mörder von Tausenden zarter Jugendseelen".
Die Empörung steigerte sich zu einer wahren Hysterie, verstärkt durch die immer wieder publizierte Vorstellung, dass hier „die Juden" angetreten seien, um die Jugend „zu vergiften". Der offen ausgesprochene Gedanke des Jugendschutzes wurde als Deckmantel für einen immer stärker in den Vordergrund tretenden Antisemitismus verwendet. Man versuchte zunächst mit gerichtlichem Druck gegen Bettauer vorzugehen, seine Zeitschriften wurden beschlagnahmt, er selbst wegen Verbreitung von Pornographie vor Gericht gestellt, im Prozess jedoch freigesprochen. Damit begann allerdings eine Hetzkampagne gegen Bettauer, die unter anderem vom Wiener Mittelschullehrer Kaspar Hellering angeführt wurde. In seinen Artikeln, in denen er unter anderem dichtete: „Bettauer, diese Judensau, lehrt ja: die idealste Frau ist jene, die sich unbeschränkt, heut diesem, morgen jenem schenkt", verbreitete er eine phobische Angst vor Sexualität und eine Begeisterung für Zucht und Ordnung und alles Männliche. Mitte 1924 wurde Hellering deutlicher und sprach offen von „radikaler Selbsthilfe" und „Lynchjustiz gegen den Schänder unseres Volkes". Im Februar 1925 erschien in mehreren nationalsozialistischen Blättern ein Pamphlet, in dem Bettauer als „... gemeine Sau, wühlt in Sumpf und Jauche, nährt sich von faulem Weiberfleisch und anderen moralischen Abfallprodukten, verbreitet pestilenten Gestank – daher auszurotten" beschimpft wurde.
Drei Wochen später beschloss der junge Nationalsozialist Otto Rothstock, genau dieses zu tun.

Der Täter: Otto Rothstock

Otto Rothstock wurde 1904 in Cenkau in Böhmen geboren. Das Kennzeichen seiner Heimat, seinen böhmischen Dialekt, auf Wienerisch „Böhmakeln" genannt, konnte er niemals ablegen, was, besonders nachdem er begonnen hatte, sich in Kreisen des extremen deutschen Nationalismus zu betätigen, zu einem beständigen Minderwertigkeitskomplex führen sollte. Rothstock wollte Zahntechniker werden, wurde aber in der Wirtschaftskrise nach dem Ersten Weltkrieg nach kurzer Anstellung arbeitslos. Konfrontiert mit dem neuen Medium des Kinos, wollte er hoch hinaus: „Ich habe gesehen, wenn man Geld hat, kann man den großen Herrn spielen, wenn man aber keines hat, dann ist man nichts. Ich wollte auch den großen Herrn spielen." In der Folge versuchte er auf verschiedenen Gebieten, zum großen Herrn zu werden. Er schloss sich 1922 der NSDAP an, trat der SA bei und beschäftigte sich mit der den Nationalsozialismus prägenden Literatur eines Lanz von Liebenfels, Alfred Schuler und Guido von List, die das Kommen eines Heilsführers versprachen, der „... das deutsche Volk von seinen Fesseln befreit". Unter dem Einfluss dieser „Heilandsbrüder" kam Rothstock zum Entschluss, der Prophezeiung nachzuhelfen und der Welt einen „Alarmschuss" zu verpassen, der sie aus ihrem Schlaf wecken sollte, „... weil die Hoffart, Wollust und Kleiderpracht so groß sind". Er sah sich selbst als Nachfolger Christi und schrieb: „Ich kam auf die Welt, um diesen Kampf weiter zu führen."

Otto Rothstock.

Ende 1924 trat er aus der NSDAP wieder aus. In einem Verhör nach dem Mord an Bettauer erklärte er, dies deshalb getan zu haben, weil er schon damals vorhatte, etwas gegen die Schmutzliteratur zu unternehmen; er wollte aber zum Zeitpunkt der Tat kein Mitglied der NSDAP sein, damit die Tat nicht der Partei zur Last gelegt würde. Da Rothstock später vom Gerichtspsychiater aber auch eine gehörige Portion „Narzissmus" nachgewiesen wurde, scheint es eher so gewesen zu sein, dass er mit seiner Tat allein „als reiner selbstständiger Held" gelten wollte, wie er sich in seinen Fantasien stets als Erretter und Führer gesehen hatte, denn: „... das Parlament ist vollständig unfähig, dem Volk zu geben, was das Volk braucht".

Rothstock wählte Bettauer als sein Opfer. Angeblich kannte er die Schriften Bettauers seit Jahren, und „... er sah den schädlichen Einfluss dieser Lektüre". Zwar hatte er sich kurz überlegt, Bettauer beim Staatsanwalt anzuzeigen, glaubte aber, damit nichts erreichen zu können. In seinen Gedanken wurde Bettauer immer mehr zum größten Schädling und Sittenverderber, und so beschloss er, ihn zu erschießen. Im Dezember 1924 kaufte er sich eine Pistole, und nach einem mystischen Erlebnis im Park des Belvederes am 10. März 1925 – Stimmen in seinem Kopf hatten ihn hier zum Attentat aufgefordert – begab er sich in die Redaktion Hugo Bettauers, mit der Absicht, ihn zu töten.

Das Attentat

Rothstock betritt gegen Mittag die Redaktionsräume von „Bettauers Wochenschrift" in der Lange Gasse 5–7 in Wien-Josefstadt. Er verlangt, den Chefredakteur zu sprechen, Bettauer ist aber nicht anwesend und Rothstock wird auf die Sprechstunde am Nachmittag verwiesen. Rothstock kommt wieder und wird von Bettauer in sein Büro gebeten. Er tritt ein, versperrt die Tür hinter sich und überreicht Bettauer einen Brief. Während dieser zu lesen beginnt, zieht er seine Pistole und feuert mit den Worten „Herr Doktor, passen Sie auf". Bettauer wird von den ersten Schüssen nur leicht verletzt, wehrt sich mit einer Tischlampe und versucht zu fliehen, kann allerdings die Tür genauso wenig öffnen wie seine durch den Lärm alarmierten Mitarbeiter im Vorraum. Unterdessen hören diese „ ... einen leichten Knall, als ob jemand mit einem Lineal auf den Tisch klatscht ... es klatscht immer wieder und wieder. Schüsse! Drinnen in Bettauers Zimmer. Die Klinke der Tür geht auf und ab ... Er kann nicht heraus, eingesperrt, gefangen."

Bettauer gelingt es, die Tür zu öffnen und aus seinem Büro zu fliehen, bricht aber im Vorraum, von fünf Schüssen schwer verletzt, zusammen. Er stirbt 16 Tage später im Allgemeinen Krankenhaus. Rothstock schließt sich wieder im Büro Bettauers ein und beginnt, Briefe und Schriftstücke zu zerreißen. Als die Polizei eintrifft, lässt er sich widerstandslos verhaften. Für wenige Minuten mag er sich gefühlt haben wie jene Person, die Hellering in einem Gedicht preist: „Ist unserm Volk das Weib verloren, wird ihm kein Siegfried mehr geboren."

Das Opfer: Hugo Bettauer

Bettauer war einer der ersten Bestsellerautoren Österreichs nach amerikanischem Muster. Sein literarisches Feld war der Kolportageroman, wichtig waren ihm dabei Inhalt und Aussage, die den Zeitgeist treffen sollten – die literarische Form war Nebensache. Gelernt hatte Bettauer sein Handwerk beim legendären Zeitungskönig Randolph Hearst in den Vereinigten Staaten von Amerika.

Dabei war es ihm nicht in die Wiege gelegt, amerikanische Zeitungs- und Literatursitten nach Österreich zu bringen. Geboren wurde Bettauer in Baden bei Wien 1872 als Sohn jüdischer Eltern, die aus Lemberg zugewandert waren. Mit 18 Jahren konvertierte er zum evangelischen Glauben, im selben Jahr meldete er sich als Einjährig-Freiwilliger zu den Tiroler Kaiserjägern, desertierte aber nach fünf Monaten und flüchtete nach Zürich. Das dort aufgenommene Studium gab er bald auf, wanderte 1899 in die Vereinigten Staaten aus und wurde in New York amerikanischer Staatsbürger. Als Journalist ging er zurück nach Berlin, wo er gegen die preußische Bürokratie und Bestechlichkeit anschrieb. Nach dem Selbstmord des Direktors der Berliner Hoftheater, dessen Korruption Bettauer aufgedeckt hatte, musste er Deutschland verlassen und ging 1904 als Reporter der „Deutschen Zeitung" und als freier Schriftsteller wieder nach New York zurück. Nach mehreren Stationen als Journalist und Schreiber von spannenden Fortsetzungsromanen, unter anderem beim New Yorker „Morgenjournal", kehrte er nach einer Amnestie 1908 nach Österreich, 1910 dann nach Wien zurück und arbeitete für „Die Zeit" und die „Neue Freie Presse". 1920 erschien sein erstes Buch, der Roman „Faustrecht", der ebenso wie seine nächsten Bücher verfilmt wurde. Als seine bedeutendsten Romane gelten „Die freudlose Gasse", verfilmt mit Greta Garbo, und besonders der Roman „Die Stadt ohne Juden – ein Roman von Übermorgen". In diesem Buch – ein Stück früher „Sciencefiction" – steht Österreich vor dem Staatsbankrott, worauf der fiktive österreichische Bundeskanzler Schwertfeger (mit deutlichen Anklängen an Ignaz Seipel), beschließt, alle Juden aus Österreich auszuweisen. Darauf verödet Wien wirtschaftlich, gesellschaftlich und künstlerisch, sodass man beschließt, die Juden zurückzuholen, worauf Wien wieder aufblüht.

Hugo Bettauer.

Es war vor allem dieser Roman, der Bettauer die Feindschaft der Nationalsozialisten einbrachte, die darin eine „bewusste jüdische Provokation und Rassenpropaganda" orteten. In der Öffentlichkeit dämonisiert wurde Hugo Bettauer allerdings durch die Kritik an der Herausgabe seiner Wochenschriften, in denen er sich mit der Moral der neuen Zeit beschäftigte. Sie führte zur Hetzpropaganda gegen Bettauer und inspirierte Otto Rothstock zu seinem Attentat.

Die Konsequenzen

Der Prozess gegen Otto Rothstock war von Anfang an mehr ein Prozess gegen das Mordopfer als gegen den Mörder. Der Verteidiger Rothstocks war der Wiener Rechtsanwalt Dr. Walter Riehl, Chef der österreichischen Nationalsozialisten, der in einem Brief an Rothstock klar zu erkennen gab, dass er glaube, es bei Rothstock mit einem Mann zu tun zu haben, der das Attentat aus idealistischen, genauer nationalsozialistischen Motiven begangen habe. Weder im Prozess noch in der Anklageschrift wurde die Frage gestellt, ob es eine geplante Tat mit Mitwissern oder moralischen Unterstützern gewesen sei: Rothstock wurde als Einzeltäter behandelt, die Frage nach den geistigen Mittätern, welche den Boden für ihn aufbereitet hatten, wurde nicht gestellt.

Breiten Raum nahm jedoch die Frage ein, ob Rothstock zum Zeitpunkt der Tat geistig gesund, geisteskrank oder zeitweise verwirrt gewesen sei. Da es darüber unterschiedliche Gutachten der Gerichtspsychiater und der Psychiater der Klinik Wagner-Jauregg gab und Rothstock selbst den Strafausschließungsgrund der Geisteskrankheit zurückwies, lag es am Gericht, ein Urteil zu fällen. Der Prozess entwickelte sich durch die Vorgangsweise und die Plädoyers Riehls und des Staatsanwaltes Butschek zur Propagandaaktion der Nazis, in der Bettauer und damit den Juden die indirekte Schuld an der Jugendkriminalität und den Sittlichkeitsverbrechen in Wien zugeschoben wurde. Rothstock wurde im Urteil am 5. Oktober 1925 zwar des Mordes für schuldig erkannt, und der Gerichtshof lehnte Unzurechnungsfähigkeit wegen Sinnesverwirrung ab, ließ Rothstock aber den Ausweg, zur Tatzeit „gänzlich der Sinne beraubt" gewesen zu sein, offen. Die Geschworenen bejahten die Frage nach Mord und Mordabsicht, aufgrund der Geistesverfassung des Täters während der Tat entschieden sie jedoch auf Freispruch. Nach dem Prozess wurde Rothstock zeitlich begrenzt in der Heil- und Pflegeanstalt am Steinhof interniert, wo er 20 Monate verbrachte, dann allerdings freigelassen wurde, weil keine Geisteskrankheit erkennbar war.

Rothstock versuchte in der Folge, in das Bundesheer einzutreten und wurde anstandslos gemustert, nur die Proteste der Sozialdemokraten verhinderten seine Aufnahme. Durch Spenden der NSDAP gelang es ihm, in Wien eine Dentistenpraxis aufzubauen, zeitweise versuchte er auch, „Rothstocks Wochenblatt für Politik" und „Rothstocks Monatsblatt für Politik" herauszugeben, scheiterte damit aber schnell. 1934 musste Rothstock, damals schon Mitglied der 11. SS-Standarte, Wien verlassen und ging nach Berlin. Nach dem Anschluss kehrte er zurück und beantragte von der Stadt Wien für seinen Aufenthalt am Steinhof eine Entschädigung von 100.000 Reichsmark, da er geistig völlig gesund gewesen sei und die Geisteskrankheit nur simuliert hätte. Im Zweiten Weltkrieg diente er als Mitglied der Waffen-SS, nach dem Krieg

Pavillon in der Heil- und Pflegeanstalt am Steinhof.

ließ er sich in Hannover als Dentist nieder. Noch 1976 bekannte er sich in einem Interview zur Tat an Hugo Bettauer.

Die Alternative

Das Misslingen eines Attentates auf Hugo Bettauer hätte kaum Konsequenzen für die österreichische Geschichte gehabt: Bettauer hätte weiter seine Bücher geschrieben, seine Wochenschriften herausgegeben und wäre weiterhin von der bürgerlichen und der Nazipresse angegriffen worden. Sein Einfluss auf die Moral der Zeit war außerhalb Wiens zu gering, um hier eine wesentliche Änderung in der Gesellschaft oder Geschichte zu bewirken. Bettauer war ein Beobachtender und Kommentierender, kaum ein Mitglied einer die Zukunft bestimmenden Avantgarde. Vermutlich wäre er nach dem Anschluss von 1938, sofern er sich zu diesem Zeitpunkt noch in Wien aufgehalten hätte, eine bevorzugte Zielscheibe der Nazis geworden. Als amerikanischem Staatsbürger wäre ihm aber vermutlich nichts passiert und er wäre wieder nach Amerika gegangen.

Die Patriotin

Mencha Karnicheva und das Attentat auf Todor Panitza (8. Mai 1925)

Die Hintergründe

Wien war in der Zwischenkriegszeit die europäische Hauptstadt für Agenten und Spione aus Osteuropa. 1929 schrieb der kroatische Revolutionär Ante Pavelić, der ins Exil nach Wien getrieben wurde: „Die österreichische Hauptstadt war das Zentrum verschiedenster Emigrantenorganisationen und Geheimdiensten verschiedener Mächte, groß und klein. Mehr noch, sie war das Zentrum der osteuropäischen Kommunisten, angeführt von Béla Kun, dem ehemaligen kommunistischen Diktator von Ungarn, Georgi Dimitroff, Anführer der bulgarischen Kommunisten in der Emigration, und Dimitri Vlahov, dem Chef der jugoslawischen Kommunisten. Zu diesen gesellten sich noch zwei terroristische Organisationen des Balkans, die hier stark vertreten waren und ihre Repräsentanten in Wien hatten. Das waren die ‚Interne Mazedonische Revolutionäre Organisation (IMRO)' und die ‚Kossovari', eine albanische Unabhängigkeitsorganisation ... Ab und zu endeten die Zusammenstöße dieser Gruppen in Mord und Totschlag."

Begonnen hatte der Krieg der Agenten unmittelbar nach dem Ende des Ersten Weltkrieges. Wien bot sich in seiner Funktion als Drehscheibe der ehemaligen k. u. k. Monarchie geradezu als Zentrum für Agenten und Spione an. Besonders erbittert war der Kampf des ungarischen reaktionären Geheimdienstes gegen die in die Wiener Emigration gegangenen ungarischen Kommunisten der kurzlebigen Räterepublik von 1919. Begonnen hatte die Auseinandersetzung bereits im Mai 1919, als nationale ungarische Offiziere die ungarische Botschaft überfielen und 135 Millionen Kronen erbeuteten. Geld, das für die Finanzierung der gegenrevolutionären Armee in Szeged verwendet wurde, die dann gemeinsam mit den Rumänen das Ende der Räterepublik bewirkte. Immer wieder versuchten die Agenten, sich gegenseitig zu entführen, man bekämpfte sich mit Messern, Pistolen und Bomben, Waffen, die auch bei Waffenschiebereien in die Tschechoslowakei zum Einsatz kamen. Und man wies sich mit falschen Papieren aus, die von echten Staaten illegal ausgestellt wurden.

Eine wesentliche Rolle im Leben der Agenten und Geheimdienste in Wien spielten die Mazedonier, die in der „Internen Mazedonischen Revolutionären Organisation (IMRO)" gegen die Aufteilung ihres Landes zwischen Bulgarien, Rumänien und Jugoslawien kämpften.

Die IMRO galt seit dem Beginn des Jahrhunderts als eine der gefährlichsten und gewalttätigsten Geheimdienstorganisationen. Ähnlich der „Schwarzen Hand" in Serbien war sie ursprünglich eine nationalistische Organisation, die für die Unabhängigkeit des mazedonischen Volkes kämpfte. Bis 1918 war Mazedonien Teil des türkischen Reiches, danach wurde das Gebiet zwischen den Serben, Griechen und Bulgaren aufgeteilt, wobei der größte Teil an das neu gegründete Jugoslawien fiel.

Die IMRO, welche vor allem beim einfachen Volk und bei der mazedonischen Intelligenz ihre Anhänger hatte, begann einen Guerillakrieg gegen die drei Staaten, war aber auch intern in verschiedenste Fraktionen gespalten. 1924 brach die IMRO auseinander, und in der Folge bekämpften sich die Fraktion der probulgarischen Anhänger unter Alexander Protogeroff, eine nationalistische Fraktion unter Todor Alexandrov und eine den russischen Sowjets nahe stehende Fraktion unter Todor Panitza. Als Erster fiel Protogeroff einem Attentat zum Opfer, dann tötete die linke Fraktion Alexandrov, dessen Nachfolger der 23-jährige Ivan Mihailov wurde. Diesem gelang es innerhalb kurzer Zeit, seine Politik innerhalb der IMRO durchzusetzen. Die „linken" Verräter wurden ins Exil getrieben: Panitza siedelte sich in Wien an.

Mihailov rief in den mazedonischen Bergen ein Gericht zusammen, das Panitza und 40 weitere „Renegaten" in Abwesenheit zum Tod verurteilte, und ließ eine Truppe von Freiwilligen aufstellen, die die Verräter ermorden sollte. Für das Attentat auf Panitza stattete er seine eigene Verlobte, die 24-jährige Mencha Karnicheva, mit Geld und falschen Pässen aus und schickte sie nach Wien.

Die Täterin: Mencha Karnicheva

Mencha Karnicheva, in den österreichischen Zeitungen findet man sie nach dem Attentat unter dem transkribierten Namen Mencia Carniciu, wurde 1900 im kleinen Dorf Krushevo geboren. Dieser Ort war bereits 1903 ein Zentrum des so genannten Illinden-Aufstandes gegen die Türken gewesen und hatte sich für zehn Tage gegen die türkischen Truppen behaupten können. Ihre Eltern gehörten den Vlachs oder Arumanians an, einer alten ethnischen Gruppe, die autochthonen Ursprungs sein dürfte und ihre Wurzeln in Sprache und Kultur bis in die römische Zeit zurückverfolgen kann. Die Vlachs waren für Jahrhunderte Subjekt der grausamsten Unterdrückungsmaßnahmen der Bulgaren, Türken und Griechen, konnten sich aber durch die abgelegene Lage ihres Siedlungsgebietes in den Pirin-Bergen ihre kulturellen Eigenheiten und auch ihre relative Unabhängigkeit bewahren. Mit der Gründung der IMRO wurden sie zu einem der wesentlichen Völker, die sich für eine Autonomie der Mazedonen einsetzten.

Mencha Karnicheva.

Als vierjähriges Mädchen musste Mencha mit ihren Eltern vor den Türken fliehen, sie versteckte sich für mehrere Tage unter einer Brücke, dabei zog sie sich ein Lungenleiden zu, dass sie ihr Leben lang begleiten sollte. 1923 lernte sie den gleichaltrigen Mihailov kennen und wurde seine Verlobte. Ihr vertraute er die Ermordung seines Hauptfeindes Todor Panitza an.

Das Attentat

Mencha Karnicheva reist Anfang 1925 nach Wien und beschattet Todor Panitza über einen längeren Zeitraum. Als Mazedonierin gelingt es ihr, sich mit Panitza, der von ihrem Verhältnis zu Mihailov nichts ahnt, anzufreunden. Am 8. Mai 1925 erfährt sie von einem Besuch Panitzas im Wiener Burgtheater: Das Stück „Peer Gynt" von Henrik Ibsen steht am Programm. Gegen Ende des Stückes verlässt Mencha Karnicheva den Zuseherraum, reißt die Tür zur Loge von Panitza auf, zieht ihre Pistole, eine deutsche Mauser, und erschießt Todor Panitza aus nächster Nähe. Um ihre Flucht zu erleichtern, feuert sie auch auf dessen Frau und seinen ebenfalls anwesenden Leibwächter Bogatinov. Panitza findet einen theatralischen Tod: Er kann sich noch aufrichten und sackt dann über der Logenbrüstung zusammen, während sein Blut in den Zuschauerraum hinabtropft. Seine Frau und der Leibwächter liegen am Boden der Loge. Im Zuseherraum kommt es zu Panik, die Besucher versuchen, zu den Ausgängen zu flüchten, als der Schauspieler Max Reimer auf die Bühne tritt und das Publikum beruhigen kann.
Karnicheva will mit der leer geschossenen Pistole ruhig das Burgtheater verlassen, wird aber von einem Logenschließer überwältigt und im Direktionszimmer eingesperrt, bis die Polizei kommt.

Das Opfer: Todor Panitza

Panitza wird in der mazedonischen Geschichtsschreibung als ruchloser Terrorist beschrieben, der mehr an seinem eigenen Wohl als am Wohl seines Volkes interessiert war. Dabei gehörte der 1878 in Mazedonien geborene Panitza, der sich in Wien selbst als „Geschäftsmann" bezeichnete, zur Führung der IMRO. Zuerst schloss er sich der linken Guerillatruppe des Jane Sandanski an, die er nach dessen Tod 1903 übernahm. Diese Gruppe tendierte besonders nach der russischen Revolution zu den Kommunisten, trat für eine Form von balkanischem und mazedonischem Föderalismus ein und bevorzugte die völlige mazedonische Autonomie. Nach der Gründung der bulgarischen kommunistischen Partei unter Dimo Hadzi Dimov schloss er sich dessen Ansichten an, arbeitete aber gleichzeitig mit der Regierung Bulgariens unter Stamboliski und dessen Verteidigungsminister Alexander Dimitrov zusammen. Dimitrov, ein erklärter Gegner der IMRO, wurde von dieser im Oktober 1921 ermordet. In den darauf folgenden Kämpfen tat sich Panitza mit der bulgarischen und auch mit der jugoslawischen Regierung zusammen und bekämpfte die IMRO, wurde allerdings bei Nevrokop am 7. Oktober militärisch entscheidend geschlagen und ging ins Exil nach Wien. Hier baute er die föderalistische Organisation wieder auf und versuchte, Kontakte zu den Kommunisten in der Sowjetunion anzubahnen. Um solche Kontakte bemühten sich auch verschiedene andere Führer der IMRO – sie wurden vom 23-jährigen Mihailov, der ein überzeugter mazedonischer Nationalist war, durch Terror und Mord davon abgehalten. Als letzter großer Konkurrent für Mihailov blieb noch Panitza in Wien. Mihailov betrachtete ihn als eine derart wichtige Person, dass er seine eigene Verlobte gegen ihn ansetzte.

Todor Panitza.

Mencha Karnicheva erschießt Todor Panitza am 8. Mai 1925 in einer Loge des Burgtheaters.

Die Konsequenzen

Mencha Karnicheva wurde am 30. September 1930 in Wien vor Gericht gestellt. Ihre Gesundheit – sie litt seit ihrer Kindheit an einem Lungenleiden – hatte sich in der Haft dramatisch verschlechtert, dass sie der Verhandlung auf einer Bahre liegend beiwohnen musste. Als Revolutionärin und Patriotin bereute sie ihre Tat nicht. Sie versuchte, die Geschworenen davon zu überzeugen, dass Panitza ein Mörder und Verräter an der mazedonischen Sache gewesen sei und dass er im Sold Jugoslawiens gestanden habe. Die österreichischen Geschworenen hatten keine Chance, die komplizierte innere Politik der IMRO und die Verhältnisse auf dem Balkan zu durchblicken – die Tat wurde als gewöhnlicher Mord verhandelt. Allerdings scheint die junge, lungenkranke Frau einen gewissen Eindruck auf die Geschworenen gemacht zu haben, sie wurde zu nur acht Jahren schweren Kerkers verurteilt. Mencha Karnicheva kehrte allerdings nicht mehr ins Gefängnis zurück, sondern übersiedelte in die Lungenheilstätte am Himmelhof. Von

Die lungenkranke Mencha Karnicheva vor Gericht.

dort wurde sie wenige Monate später nach Mazedonien abgeschoben. In ihrer Heimat wurde ihr ein begeisterter Empfang bereitet, und wenige Monate später heiratete sie Mihailov. Als „mazedonische Heldin" anerkannt, stieg sie in der IMRO schnell auf, wurde schließlich in die Troika, das Exekutivkomitee der Organisation, gewählt und kommandierte die Komitadjis, die Truppen der IMRO. Mencha Karnicheva starb am 10. September 1964. Nach Panitzas Tod formierte sich in Wien eine neue Opposition gegen die IMRO: die UMRO, die „Vereinigte Mazedonische Revolutionäre Organisation", die allerdings nur eine geringe Bedrohung für die offizielle IMRO unter den immer weiter nach rechts abdriftenden Führern Protogeroff, der 1928 ermordet wurde, und Mihailov war. Die IMRO fand ihr Ende, als ihre Politik von der bulgarischen Zveno-Offiziersgruppe übernommen wurde, der es gelang, die Organisation in den Dienst der Politik Bulgariens zu stellen. Der letzte große Auftritt der IMRO war die Ermordung des serbischen Königs Alexander in Marseille am 9. Oktober 1934.

Bulgarien, auf gute Nachbarschaft mit Jugoslawien bedacht, und die Anpassung der jüngeren Generation Mazedoniens an die bestehenden Verhältnisse sowie die Müdigkeit der Bevölkerung, den fast ein Jahrhundert andauernden Kampf um eine Autonomie gewaltsam weiterzuführen, brachten 1938 das Ende der IMRO, die im Mai dieses Jahres offiziell aufgelöst wurde. Langfristig gesehen konnte sich aber der Gedanke einer nationalen Autonomie der Mazedonen durchsetzen. Dies führte nach dem Zweiten Weltkrieg zur Gründung der jugoslawischen Teilrepublik Mazedonien, deren erster Premier Dimitri Vlahov wurde, der Führer der in Wien gegründeten UMRO. Mit dem Zusammenbruch Jugoslawiens im Jahr 1990 kam es zur Gründung des unabhängigen Staates Mazedonien.

Wien blieb in der Zwischenkriegszeit weiter der Tummelplatz ausländischer Agenten und Geheimdienste. Zu den bemerkenswertesten Attentaten dieser Zeit zählten ein Anschlag der IMRO auf Dimitri Vlahov, den Führer der UMRO, und das Attentat auf den albanischen König Achmed Zogu am 20. Februar 1931 vor der Wiener Oper.

Die Alternative

Es ist fast unmöglich zu sagen, ob und welchen Einfluss Todor Panitza auf die Politik des Balkans gehabt hätte, falls das Attentat gescheitert wäre. Am ehesten wäre ihm eine weitere Annäherung an die Sowjetunion zuzutrauen gewesen. Es scheint aber zweifelhaft, ob er gegen die nationalistische Politik der offiziellen IMRO viel auszurichten gehabt hätte. Zwar stellte die Komintern 1934 in einem Meeting in Moskau fest, dass sie die Existenz eines eigenen mazedonischen Volkes anerkenne und damit dessen Recht auf einen Nationalstaat, dennoch verweigerten die Sowjets nach 1945 eine mazedonische Staatsgründung. Wieweit Todor Panitza hier eine Rolle spielen hätte können, kann nicht gesagt werden.

Der Wirrkopf

Richard Strebinger und das Attentat auf Karl Seitz (27. November 1927)

Die Hintergründe

Nach dem Zusammenbruch der Monarchie und der Ausrufung der Republik Deutsch-Österreich schlug den Wiener Sozialdemokraten am 4. Mai 1919 die große Stunde. Bei den ersten allgemeinen und demokratischen Gemeinderatswahlen erreichten sie in Wien 54 Prozent der Stimmen und 100 von 165 Mandaten, also die absolute Mehrheit. Damit konnten sie darangehen, jenes Reformwerk zu verwirklichen, welches als das „Rote Wien" bekannt werden sollte. Die Sozialdemokraten waren sich darüber klar, dass ihr Experiment als einzige Metropole mit sozialdemokratischer Verwaltung in Österreich eine ungeheure Beispielwirkung zeigen würde, alle ihre Maßnahmen würden Modellcharakter haben und auf die gesamte Bundespolitik einwirken. Mit 1. Jänner 1922 wurde die Stadt Wien verwaltungsmäßig von Niederösterreich abgetrennt und erhielt den Status eines eigenen Bundeslandes, wodurch der Wiener Bürgermeister zugleich Landeshauptmann wurde. Zum ersten Bürgermeister von Wien wurde Jakob Reumann gewählt, dem im September 1923 der Obmann der Sozialdemokratischen Partei in Wien, Karl Seitz, nachfolgte.
Wien stand 1919 praktisch vor dem finanziellen Ruin: Das Ende der Monarchie hatte Hunderttausende im „Wasserkopf" an der Donau stranden lassen, durch den Mangel an Kohle mussten zahlreiche Betriebe schließen. Hohe Arbeitslosenzahlen waren die Folge, die Gas- und Elektrizitätswerke liefen nur wenige Stunden am Tag, wodurch auch die Straßenbahnen, das einzige öffentliche Verkehrssystem der Stadt, schwer in Mitleidenschaft gezogen wur-

Bürgermeister Karl Seitz spricht auf einer politischen Versammlung im Wiener Stadion.

den. Die Wohnungsnot war erdrückend, die Lungentuberkulose in den kleinen feuchten Arbeiterwohnungen war so endemisch, dass sie in Europa als die „Wiener Krankheit" bezeichnet wurde.
Die sozialdemokratische Stadtregierung ging nun daran, die Missstände zu beseitigen. Finanzstadtrat Hugo Breitner ermöglichte durch die Einführung der Wohnbausteuer und zahlreicher Luxussteuern die Schaffung einer Finanzbasis, aus deren Geldern vor allem der kommunale Wohnbau gefördert wurde, Julius Tandler schuf ein modernes Gesundheitswesen, Otto Glöckel ein zeitgemäßes Erziehungs- und Bildungssystem. Innerhalb weniger Jahre gelang es, Wien zum Schaufenster der Sozialdemokratie in Öster-

reich umzugestalten, wobei die Wahl der eingesetzten Mittel – die Schaffung einer geschlossenen sozialistischen Gesellschaft als Staat im Staate und sogar als Staat in der Stadt – den Erfolgen gegenüberzustellen ist. So sehr das Wiener Modell von vielen im In- und Ausland bewundert wurde, so erbittert war der Widerstand der Gegner.

1927 sollte sich die Kluft zwischen dem christlichsozial regierten Staat und dem sozialdemokratischen Wien weiter vertiefen.

Im kleinen burgenländischen Ort Schattendorf hatten am 30. Jänner 1927 Heimwehrmänner das Feuer auf eine Demonstration des Republikanischen Schutzbundes eröffnet und dabei einen Arbeiter und ein unbeteiligtes achtjähriges Kind getötet, fünf Personen wurden schwer verletzt. Am 14. Juli 1927 wurden die Täter im so genannten „Schattendorfprozess" freigesprochen. Darauf kam es unter der Wiener Arbeiterschaft zu spontanen Arbeitsniederlegungen, die Arbeiter marschierten in langen Demonstrationszügen in die Innenstadt und auf den Ring, ohne dass die Parteileitung darüber informiert gewesen war. Berittene Polizisten versuchte die Demonstration zu sprengen und die Arbeiter auseinander zu treiben. Diese wehrten sich mit Steinen, stürmten zum Justizpalast, besetzten ihn und steckten ihn in Brand. Als die Situation völlig zu eskalieren drohte, wandte sich Polizeipräsident Johannes Schober an Bürgermeister Seitz mit der Aufforderung, das Bundesheer anrücken zu lassen, was dieser jedoch im Wissen, dass das Bundesheer in der Hand von monarchistischen und christlichsozialen Offizieren war, ablehnte. Schober ließ darauf mit Billigung von Bundeskanzler Seipel 600 Gewehre des Bundesheeres an die Polizisten ausgeben. In der darauf folgenden Straßenschlacht starben 85 Demonstranten und vier Polizisten. Der Fehler des 15. Juli 1927 auf sozialdemokratischer Seite war, dass die Partei offensichtlich die Kontrolle über ihre Anhänger verloren hatte, und damit entsprachen die desorientierten Massen im Spiegel der bürgerlichen Presse genau jenem Bild der „Roten Bestie", das die bürgerlichen Parteien von der Sozialdemokratie in der Öffentlichkeit zeichneten. Die christlichsoziale und großdeutsche Presse machte Bürgermeister Seitz für das Massaker verantwortlich, der „... durch sein Versagen in entscheidender Stunde verhindert hat, dass durch ein rechtzeitiges Einsetzen ausreichender Kräfte dem folgenden Blutbade vorgebeugt wurde". Man gab die Parole aus: „Der Seitz muss weg", und einer, der hier genau zugehört hatte, war der politische Wirrkopf Richard Strebinger.

Der Täter: Richard Strebinger

Richard Strebinger wurde 1904 in Temesvar in Ungarn geboren und lebte seit 1915 in Wien, wo er eine Elektrikerlehre und die Abendkurse einer Handelsschule besuchte. In der Folge immer wieder arbeitslos, versuchte er sich in den verschiedensten Berufen, darunter auch als Statist und Chorsänger am Theater. Wohin er sich politisch orientieren sollte, wusste er selbst nicht: Einmal trat er dem sozialistischen Arbeiterturnverein bei, dann war er Mitglied der monarchistischen „Ostara", später wieder Mitglied der „Partei der österreichischen Monarchisten", ab 1922 war er bei der Sozialdemokratischen Partei in Eisenerz, Steiermark, organisiert, 1924 wieder Mitglied des Selbstschutzverbandes Wien-Niederösterreich, Gruppe Hoch- und Deutschmeister. Weiters besaß er Mitgliedskarten des katholischen Jugendbundes Salvator, der Nationalsozialistischen Partei und der Frontkämpfervereinigung Deutsch-Österreich. Daneben beschäftigte er sich mit Spiritismus und Hypnose und wurde öfters als Wirrkopf beschrieben, der als „weiberscheu", „großgoschig" und „Halbnarr" galt, der sich auch aus Geltungssucht einmal an die Außenverstrebung eines Flugzeuges geklammert in die Luft tragen ließ. Ein psychiatrisches Gutachten bescheinigte ihm „konstitutionelle Nervosität, zwangsneurotische Erscheinungen und epilepsieartige Anfälle". Von den Sozialdemokraten und ihren Funktionären, aber auch von seinen Arbeitskollegen fühlte er sich ständig verfolgt. Dazu lastete er den Sozialdemokraten, und hier fixierte er sich besonders auf den Wiener Bürgermeister Seitz, die „wackeligen Häuser", das schlechte System der Verwaltung und den Niedergang der Wirtschaft an. Als nach dem 15. Juli 1927 von der Stadt Wien als Gegengewicht zur Polizei eine eigene Gemeindeschutztruppe aufgestellt wurde, fühlte er sich bedroht und beschloss, „... einen der öffentlichen Funktionäre anzuschießen, gleichsam als Warnung für die Funktionäre unseres öffentlichen Lebens".

Richard Strebinger.

Das Attentat

Im Sommer 1927 bemühte sich Strebinger in Salzburg laut eigenen Aussagen vergeblich, an Seitz heranzukommen, um auf ihn einen Anschlag zu verüben und ihm einen „Denkzettel" zu verpassen. Seine große Chance kommt im Herbst des Jahres, am 27. November 1927. Am Tag davor war Strebinger noch auf einer Versammlung seiner Frontkämpfer-Ortsgruppe und mag dort nochmals einen letzten Anstoß zur Tat bekommen haben, auch wenn die Polizei, die allerdings kaum in diese Richtung ermittelt, hier keinen Zusammenhang feststellen kann oder will.

Seitz hat am 27. November die Eröffnung des Wiener Schneepalasts auf seinem Terminkalender. Diesen hatte der in Wien lebende norwegische Schispringer Carlsen in der alten Halle des Wiener Nordwestbahnhofes eingerichtet. Man hatte auf einem Areal von 4000 m^2 auf 20 Gerüsten mit Kokosmatten einen Schihang gebaut. Eine Sprungschanze und eine Rodelbahn vervollständigten den Eindruck einer Winterlandschaft, in der man mitten in der Stadt Schi fahren konnte.

Im Anschluss an die Eröffnung geht Seitz nach einem kurzen Rundgang zu seinem Auto zurück und steigt ein. Als sich der Wagen in Bewegung setzt, springt Strebinger aus dem Spalier der

Menschenmenge in die unmittelbare Nähe des Autos und feuert aus einer schweren Armeepistole, die seinem Vater gehörte, mehrere Schüsse aus nächster Nähe auf das Fahrzeug, die in das Wageninnere dringen. Seitz hat den jungen Mann mit der Pistole in der Hand gesehen und sich auf den Wagenboden geworfen – er bleibt unverletzt. Nun springt der Kriminalbeamte, der vorn neben dem Fahrer sitzt, aus dem Wagen, öffnet die rückwärtige Wagentür und zwängt sich auf den Rücksitz, um Seitz zu decken. Von der anderen Seite springt der zweite Kriminalbeamte mit der gleichen Absicht in das Auto. In der daraus entstehenden Konfusion gelingt es Strebinger, über einen Zaun zu klettern und zu flüchten. Allerdings kommt er nicht weit, da er mit der leer geschossenen Pistole in der Hand auf einen Straßenbahnzug der Linie O springt und dort von zwei Straßenbahnern überwältigt wird. Als die Polizei eintrifft, bleibt ihr nicht anderes zu tun, als dem apathisch in einer Ecke sitzenden Strebinger die Waffe abzunehmen und ihn mit gezogenem Säbel vor der wütenden Menge – vorwiegend Arbeiter – zu schützen.
Um den rasch sich verbreitenden Gerüchten über das Attentat in Wien entgegenzutreten und einen weiteren Aufruhr der Wiener Arbeiter zu verhindern, gibt die „Arbeiter-Zeitung" noch in den Abendstunden ein Extrablatt heraus, und die Parteiführung veranlasst die Zentralleitung des Republikanischen Schutzbundes zur Alarmierung der Schutzbündler, um auf die Arbeiter beruhigend einzuwirken. Solange nichts über die Hintergründe des Attentates bekannt ist, gilt der Anschlag auf den Bürgermeister und Landeshauptmann Seitz als ein Angriff auf das sozialdemokratische Wien. Ein zweiter 15. Juli 1927 hängt in der kalten Novemberluft, während das Opfer alles tut, um eine Wiederholung der Vorkommnisse vom Sommer zu verhindern.

Das Opfer: Karl Seitz

Seitz gilt mit Recht als einer jener Politiker, die sowohl die Geschichte der Ersten wie den Beginn der Zweiten Republik wesentlich mitbestimmt haben. Seitz wurde 1869 als Sohn eines Wiener Brennstoffhändlers geboren, verlor aber schon früh den Vater. Da die Mutter die Familie nicht ernähren konnte, kam Seitz in ein Waisenhaus, wo er das Glück hatte, vom Wiener „Waisenvater", dem liberalen Gemeinderat Wilhelm Baecher, gefördert zu werden, der ihm auch einen Freiplatz im Lehrerseminar St. Pölten verschaffte. Ab 1888 arbeitete Seitz als Volksschullehrer in den Wiener Außenbezirken. Die Missstände im Schulwesen veranlassten ihn 1889, eine sozialistische Lehrerorganisation zu gründen, und er gab zusammen mit Rudolf Enslein die Zeitung „Freie Lehrerstimme" heraus. 1896 gründete er den Zentralverband der Wiener Lehrer, der sich für die Aufhebung des Bildungsmonopols der Wohlhabenden einsetzte. 1901 wurde er in den Reichsrat gewählt und 1902 als erster Sozialdemokrat in den niederösterreichischen Landtag. Während des Ersten Weltkrieges, den Seitz als überzeugter Pazifist ablehnte, setzte er sich bereits mit den Möglichkeiten einer Friedenspolitik nach dem Krieg auseinander. 1918 wurde Seitz zum Obmann der Sozialdemokratischen Partei, im November 1919 als einer der drei Präsidenten der provisorischen Nationalversammlung zum Staatsoberhaupt gewählt, ein Amt, das er bereits 1920 wieder zurücklegte. Am 13. November 1923 wurde er als Bürgermeister und Landeshauptmann von Wien angelobt, ein Amt, das ihn bis zum Zeitpunkt des Attentates zu einem der meistgeliebten und meistgehassten Politiker in Österreich machte.

Die Konsequenzen

Richard Strebinger wurde am 10. und 11. Mai 1928 vor Gericht gestellt. Das psychiatrische Gutachten hielt ihn weder für geisteskrank noch für sinnesverwirrt. Trotz eines ausgezeichneten Verteidigers wurde Strebinger vom Schöffengericht zu zwei Jahren schweren Kerkers verurteilt. Bereits im November 1928 aus der Haft entlassen, verstärkten sich in den folgenden Jahren seine psychopathischen Probleme. Immer wieder kam er mit dem Gesetz in

Konflikt und wurde wegen Gewalttätigkeit, Ruhestörung und Exhibitionismus verurteilt, mehrmals wurde er in Anstalten für Geisteskranke eingeliefert. Im April 1934 wurde Strebinger entmündigt und dauerhaft in die Landesirrenanstalt Gugging bei Wien eingewiesen. Seine letzte Spur stammt aus dem Jahr 1940, als er im Dezember von Gugging an eine andere Anstalt wechselte. Vermutlich wurde er von den Nationalsozialisten im Rahmen des Euthanasieprogramms auf Schloss Hartheim bei Eferding als eines von 60.000 Opfern ermordet.

Karl Seitz blieb bis zum 12. Februar 1934 Bürgermeister von Wien, als er im Zuge des Bürgerkrieges an seinem Schreibtisch im Wiener Rathaus verhaftet, später jedoch ohne Anklageerhebung wieder freigelassen wurde. Einen Prozess gegen den populären sozialdemokratischen Bürgermeister Wiens scheuten selbst die Austrofaschisten des Bundeskanzlers Dollfuß. Während der Nazizeit lebte Seitz nahezu unbehelligt in Wien, wurde jedoch nach dem Attentat auf Hitler am 20. Juli 1944 verhaftet und in das KZ Ravensbrück verschleppt. Im März 1945 entlassen, erlebte er das Kriegsende in Plauen. Bekannt ist die Anekdote von seiner Rückkehr nach Wien im Jahr 1945. Seitz wurde von Dyno Löwenstein, dem Sohn eines früheren SPD-Abgeordneten, der als US-Leutnant nach Wien gekommen war, aus Plauen abgeholt und über Linz nach Wien zurückgebracht. Als sein Wagen in den frühen Morgenstunden des 22. Juni 1945 am Rathausplatz seinen Geist aufgab, schoben die Wiener das Auto mit dem darin schlafenden Seitz bis vor das Tor des Rathauses, das aber noch geschlossen war. Also setzte sich Seitz auf eine Parkbank im Rathauspark und wartete geduldig auf Einlass – in „sein" Rathaus.

Ab November 1945 gehörte er dem österreichischen Nationalrat an, im Dezember 1945 übernahm er wieder den Vorsitz in der Sozialistischen Partei, den er bis zu seinem Tod 1950 als Ehrenvorsitzender innehatte.

Seitz gilt heute als einer der Schöpfer des „Roten Wien". Unter seiner Regierung als Bürgermeister von Wien konnten nicht nur rund 220.000 Wohnungen gebaut werden, sondern es erfolgten auch umfassende Gesundheits- und Schulreformen. Bekannt war sein einfacher Lebensstil, der ihn unter anderem auf seine ihm zustehende Dienstwohnung im Rathaus verzichten ließ.

Die Alternative

Ein geglücktes Attentat von Richard Strebinger auf Karl Seitz hätte, besonders nach den Ereignissen und nach der Verbitterung der Arbeiterschaft nach dem 15. Juli 1927, zu einem Aufschrei unter den Sozialdemokraten Wiens geführt. Es wäre leicht möglich gewesen, dass sich die Szenen des Juli wiederholt hätten, nur wäre diesmal kein Bürgermeister Seitz zur Stelle gewesen, der die Demonstranten beruhigt und den Einsatz des Bundesheeres verhindert hätte. Aufgrund der daraus entstehenden Unruhen hätte die Regierung Seipel beschließen können, mit dem sozialdemokratisch regierten Wien ein Ende zu machen und die Stadt unter die Leitung eines Bundeskommissärs zu stellen, wie es 1934 Engelbert Dollfuß machen sollte. Ein anderes Szenario ließe zwar ebenfalls Unruhen und Demonstrationen zu, allerdings wäre in diesem Fall die Führung der Sozialdemokratischen Partei mit ihren profilierten Politikern um Otto Bauer stark genug, um die eigene Anhängerschaft im Zaum zu halten. Das Bürgermeisteramt von Wien wäre auf einen der führenden Stadträte übergegangen, am Ende des „Roten Wien" 1934 hätte sich hingegen nichts geändert. Schwierig zu beurteilen ist, in welche Richtung die Neugründung der Sozialistischen Partei Österreichs 1945 ohne Seitz verlaufen wäre. Es muss aber auch in diesem Punkt angenommen werden, dass die weitere Entwicklung der österreichischen Geschichte nicht allzu weit von der bestehenden Situation abgewichen wäre. Sicher wäre aber eine der bewegendsten Reden eines österreichischen Politikers, die Rede von Karl Seitz am 21. März 1946 im Parlament mit dem Appell an die Besatzungsmächte, die österreichische Demokratie zu sichern und die Freiheit Österreichs wiederherzustellen, niemals gehalten worden.

Der Faschist

Rudolf Drtil und das Attentat auf Engelbert Dollfuß (3. Oktober 1933)

Die Hintergründe

Nachdem 1932 die Regierung Buresch wegen eines Misstrauensantrags zurückgetreten war, bildete der damalige Landwirtschaftsminister Dr. Engelbert Dollfuß, gestützt auf seine eigene Partei, die Christlichsozialen, sowie auf Landbund und Heimatblock, am 10. Mai 1932 eine Regierung. Diese Koalition besaß im Nationalrat eine Mehrheit von nur einer Stimme, und eigentlich hätte Dollfuß eine Koalition mit den Sozialdemokraten und eine größere Regierungsmehrheit bevorzugt. Die Sozialdemokraten hofften aber auf Neuwahlen, von denen sie sich Stimmenzuwächse versprachen. Nachdem die Regierung die Kürzung der Eisenbahnergehälter bestimmt hatte, traten diese in Streik. Am 4. März 1933 war dieser Eisenbahnerstreik Gegenstand einer Abstimmung im Nationalrat. Dabei kam es zu einem Streit über die Gültigkeit eines Stimmzettels. In der Auseinandersetzung zwischen Regierung und Opposition legten der Reihe nach die drei Nationalratspräsidenten Renner, Ramek und Straffner ihr Amt aus abstimmungstechnischen Gründen nieder. Der Nationalrat war somit nicht mehr verhandlungsfähig, die Sitzung konnte nicht geschlossen werden. Es trat ein Zustand ein, der als „in der Verfassung nicht vorgesehen" bezeichnet wurde. Tatsächlich wäre für diesen Fall in der Verfassung vorgesehen gewesen, den Nationalrat aufzulösen und Neuwahlen auszuschreiben. Bundespräsident Miklas verabsäumte dies, und Dollfuß nutzte die Situation aus und ließ die Regierung am 7. März 1933 verkünden, dass sich das Parlament selbst ausgeschaltet habe: „Der Nationalrat, die gesetzgebende Versammlung Österreichs, ist gelähmt und handlungsunfähig ... Die Führung des Staates liegt aber nicht allein bei der

Gesetzgebung, sondern ebenso beim Staatsoberhaupt und bei der Regierung. Die gesetzmäßige Regierung ist im Amte. Sie ist von der Parlamentskrise, die ohne ihr Zutun heraufbeschworen wurde, nicht betroffen. Es gibt daher keine Staatskrise!" Es folgte die Warnung vor „störenden Umtrieben", die Verkündigung eines Aufmarsch- und Versammlungsverbotes sowie eines Gesetzes gegen „staats- und volksschädliche Missbräuche der Pressefreiheit".

Am 15. März 1933 versuchte der dritte Nationalratspräsident Straffner noch einmal, den Nationalrat einzuberufen. Seinem Ruf folgte nur die Opposition aus Sozialdemokraten und Großdeutschen. Nach nur zehn Minuten wurde die Versammlung von 200 Polizeibeamten aufgelöst – Dollfuß konnte nun autoritär regieren.

In der Ära Dollfuß lassen sich im Wesentlichen vier Abschnitte mit unterschiedlicher Prägung und Zielsetzung unterscheiden. Schien Dollfuß von Mai bis Oktober 1932 den Parlamentarismus und den Parteienstaat noch zu befürworten, so strebte er zwischen Herbst 1932 und März 1933 schon die Alleinherrschaft der Regierung an. Mit März 1933 war Dollfuß in die dritte Phase seiner Politik eingetreten, in der er seine Regierung nur als Übergangsform zu einer neuen Form staatlicher Herrschaft betrachtete. Zeichen für diesen Kurswechsel waren das Verbot des Republikanischen Schutzbundes am 31. März 1933 und die Verhinderung des Maiaufmarsches der Sozialdemokraten am 1. Mai 1933. Zugleich wurde die „Arbeiter-Zeitung" einer Zensur unterzogen. Dennoch beschlossen die Sozialdemokraten auf einer Parteikonferenz vom 15. April, vorläufig Zurückhaltung zu üben.

Am 26. Mai folgte das Verbot der KPÖ. Die viel größere Gefahr, die Dollfuß seit der Ernennung Hitlers zum deutschen Reichskanzler fürchtete, waren die österreichischen Nationalsozialisten. Diese wurden von Deutschland finanziert und organisiert und gewannen seit Beginn der 30er-Jahre auch in Österreich immer mehr Anhänger. Besonders ab 1932 konnten sie bei den Landtagswahlen Erfolge verzeichnen: Sie erreichten bei den Gemeinderatswahlen in Wien am 24. April 1932 ein Plus von 15 Prozent der abgegebenen Stimmen im Vergleich zu 1930. Die am 29. Mai 1933 von Hitler

Bundeskanzler Engelbert Dollfuß.

ausgerufene 1000-Mark-Sperre für Urlaube in Österreich verschärfte die Gegensätze zwischen Dollfuß und den Nationalsozialisten weiter. In den folgenden Wochen setzte eine nationalsozialistische Terrorwelle mit Böllern, Brückensprengungen und Sprengstoffattentaten ein, was Dollfuß zum Verbot der NSDAP am 19. Juli 1933 veranlasste – die Nationalsozialisten gingen in den Untergrund.
Am 11. September 1933 legte Dollfuß in einer Rede am Trabrennplatz in Wien den neuen austrofaschistischen Kurs fest. Er wandte sich gegen Kapitalismus, Liberalismus, Marxismus, Nationalsozialismus und Parteienherrschaft und forderte einen christlichen Staat auf ständischer Grundlage unter autoritärer Führung.
Die Nazis waren zunächst vom Verbot ihrer Partei überrascht, schlugen aber Anfang Oktober mit Bomben, Handgranatenattentaten und Tränengasanschlägen gegen Cafés, Kaufhäuser und Kinos zurück. Bis dahin waren sie vor allem mit der Bekämpfung der Sozialisten beschäftigt gewesen, nun hatten sie in Dollfuß einen neuen Feind entdeckt, der mit seiner eigenen Spielart des Faschismus versuchte, ihren Einfluss in Österreich zu vermindern. Bei der herrschenden gewaltbereiten Stimmung war es klar, dass die österreichischen Nazis nicht lange brauchen würden, um darauf zu reagieren. In Rudolf Drtil fanden sie einen Anhänger, der entschlossen war, den kleinen Kanzler beiseite zu schieben, um für den Führer aus dem Reich Platz zu machen.

Der Täter: Rudolf Drtil

Rudolf Drtil, später nannte er sich oft selbst Dertil, um von der tschechischen Herkunft seiner Familie abzulenken, wurde am

26. März 1911 in Wien geboren. Nachdem er die Mittelschule aus Geldmangel nicht bis zur Matura besuchen konnte, wurde er als Laufbursche und Kanzleihilfskraft beim Verband der Hausbesitzer beschäftigt. Im Jahr 1930 ließ er sich vom Bundesheer anwerben und diente drei Jahre, zuletzt war er Bataillonstrompeter im Rang eines Gefreiten. Drtil war zwar offiziell Mitglied des christlichkonservativen Wehrbundes, seinen Kameraden und Vorgesetzten war aber bekannt, dass er zu den fanatischen Nationalsozialisten zu rechnen war. Im Mai 1933 bat er um seine Entlassung aus dem Bundesheer, er hatte vor, mit den 470 Schilling, die er als Abfertigung bekam, seine Ausbildung fortzusetzen.
Bereits im Jänner 1932 trat er der Ortsgruppe Lainz-Speising der NSDAP bei, nach seiner späteren Aussage aber nur, um sie „auszuhorchen und ihre Ideen kennen zu lernen". Ende 1932 will Drtil wieder aus der NSDAP ausgetreten sein, jedenfalls fanden sich Zeugen, die ihm den entsprechenden Brief an die NSDAP geschrieben haben wollen, Belege dafür ließen sich aber anlässlich seines Prozesses keine finden.
Die Zeit von seiner Entlassung aus dem Bundesheer bis zum Herbst 1933 verbrachte Drtil mit Nichtstun, zeitweise lebte er in Maria Ellend im östlichen Niederösterreich, dann besuchte er seine Eltern in Schladming. Während dieser Zeit muss sein Entschluss gereift sein, ein Attentat auf Dollfuß zu verüben. Über sein Motiv berichtete er später vor Gericht, er sei als Jugendlicher in einem geistlichen Institut gewesen und dort von einem Geistlichen missbraucht worden, was seinen Glauben an die Religion tief erschüttert habe. Der 15. Juli 1927 habe ihn dann seinen Glauben an die Parteien verlieren lassen, am ehesten hätte er der Heimwehr zugetraut, Österreich in Ordnung zu bringen, sei aber auch von dieser enttäuscht worden. Als er gesehen habe, dass die Heimwehr ihre Mission nicht erfüllen konnte, habe er sich gedacht, dass vielleicht die Nationalsozialisten imstande seien, das System zu beseitigen – als Partei mit ihrem Antisemitismus habe er sie abgelehnt. Im Herbst 1932 sei er über die Zustände in Österreich so verzweifelt gewesen, dass er sich gedacht habe, es müsse etwas geschehen.

Drtil versuchte, eine Waffe zu kaufen, bis er schließlich am 2. Oktober von einem Bekannten auf Kredit einen fünfschüssigen Revolver erhielt. Darauf wollte er – wieder auf Kredit – neue Patronen besorgen, was ihm aber der Verkäufer verwehrte. Im Anschluss daran packte er einen kleinen Koffer mit seinen wichtigsten Dokumenten und Habseligkeiten und hinterließ die Anweisung, man möge ihm den Koffer dorthin nachsenden, wo er sich in den nächsten Tagen aufhalten werde. Offenbar war dies aber keine Vorbereitung zur Flucht, denn Drtil war sich sicher, nach dem Attentat verhaftet und ins Gefängnis eingeliefert zu werden.

Das Attentat

Am Morgen des 3. Oktober verlässt Drtil seine Wohnung gegen halb acht Uhr und geht zum Haus des Bundeskanzlers in der Stallburggasse. Auf sein Läuten öffnet das Hausmädchen. Drtil erklärt, er habe dem Bundeskanzler persönlich einen Brief zu übergeben, wird aber abgewiesen, da Dollfuß noch nicht zu sprechen sei. Als Drtil um neun Uhr wieder kommt, hat sich Dollfuß schon ins Bundeskanzleramt am Ballhausplatz begeben. Drtil erhält die Auskunft, dass er ihn dort von halb zwölf bis zwölf Uhr erreichen könnte. Er geht zurück in seine Wohnung, deponiert dort den Revolver, besucht einen Freund, holt um ein Uhr seine Waffe wieder und geht zum Ballhausplatz, nur um vom Portier zu hören, dass Dollfuß nun im Parlament sei. Drtil geht nun auch ins Parlament und muss dort auf einer Bank neben der Portierloge geduldig warten. Dollfuß verlässt gegen zwei Uhr nachmittags die Klubvorstandssitzung der Christlichsozialen Partei. Als er ins Garderobenzimmer tritt, trifft er auf Drtil, der ihm einen Brief übergeben will. Dollfuß wird vom Dienst habenden Kriminalbeamten abgeschirmt, der Drtil den Brief abnimmt und ihn wieder hinausschickt. Drtil geht langsam Richtung Ausgang und beschließt, wieder zu warten. Inzwischen kommt auch Dollfuß die Stiegen herunter, am Fußende der Treppe spricht er noch kurz mit zwei

Kärntner Hoteliers über Förderungen, dann geht er langsam Richtung Ausgang. Dort tritt ihm Drtil nun entgegen, hebt die Waffe und feuert zweimal. Dollfuß, hoch dekorierter Offizier des Ersten Weltkriegs, wendet sich beim Anblick der Waffe instinktiv zur Seite, in der Drehung trifft ihn eine Kugel seitlich in die Brust, prallt aber von einer Rippe ab. Die zweite Kugel trifft den Bundeskanzler, der sich inzwischen weiterdreht, in den rechten Oberarm. Nun stürzen sich bereits die Kriminalbeamten auf den Attentäter, der sich ohne weitere Gegenwehr verhaften lässt. Dollfuß wird in eine nahe gelegene Garderobe gebracht und untersucht. Seine Wunden stellen sich als leicht heraus, obwohl die Schüsse aus nur einem halben Meter Entfernung abgegeben worden waren.

Das Opfer: Engelbert Dollfuß

Engelbert Dollfuß maß knapp 1,50 Meter. Wie viele klein gewachsene Menschen kompensierte er diesen körperlichen Nachteil mit seinem Willen, seiner Selbstdisziplin und einer Portion Rücksichtslosigkeit, die ihn einerseits zu einem der bedeutendsten Politiker der Ersten Republik, aber auch zum Zerstörer der österreichischen Demokratie und damit zum Wegbereiter des Nationalsozialismus werden lassen sollten.
Dollfuß kam als uneheliches Kind einer Bäuerin am 4. Oktober 1892 im niederösterreichischen Texing zur Welt, seinen Vater lernte er nie kennen. Ursprünglich für den Beruf eines Geistlichen bestimmt, besuchte er das Priesterseminar in Oberhollabrunn. Als er aber im Jahr 1913 nach Wien kam, beschloss er, „lieber ein guter Christ als ein schlechter Pfarrer" zu werden, und begann Jus zu studieren. Im Ersten Weltkrieg diente er als Oberleutnant in der Elitetruppe der Kaiserschützen und kehrte hoch dekoriert aus dem Krieg zurück. Er trat in den öffentlichen Dienst ein, 1922 hatte er es bereits zum Sekretär der Landwirtschaftskammer gebracht und führte eine durchgehende Landwirtschaftsreform in Österreich durch. Parallel dazu erfolgte sein steiler Aufstieg in der Hierarchie der Christlichsozialen Partei. 1930 wurde Dollfuß Präsident der

Österreichischen Bundesbahnen, am 18. März 1931 erfolgte seine Ernennung zum Bundesminister für Landwirtschaft und Forste. Am 10. Mai 1932 wurde er überraschend von Bundespräsident Miklas an die Spitze der Regierung berufen, einerseits weil Miklas glaubte, dass Dollfuß einen Ausgleich zwischen Sozialdemokraten und Christlichsozialen herbeiführen könnte, andererseits weil die Erneuerung einer Völkerbundanleihe anstand und man dafür einen Wirtschaftsfachmann an der Spitze der Regierung haben wollte. Dollfuß versuchte zwar, mit den Spitzen der Sozialdemokraten für eine Unterstützung seiner Regierung zu verhandeln, die Ernennung des Heimwehrführers Emil Fey zum Staatssekretär des Inneren löste allerdings jegliche Gesprächsbasis auf. Als sich das Parlament am 4. März 1933 selbst auflöste, betrachtete Dollfuß dies als „Fingerzeig Gottes" und regierte Österreich mit Hilfe des wirtschaftlichen Ermächtigungsgesetzes von 1917 in Form einer Regierungsdiktatur. Bis zum Attentat Drtils im Oktober 1933 erfolgte ein schrittweiser Abbau der demokratischen Freiheiten in Österreich. Es wurde mit Notverordnungen regiert, der Verfassungsgerichtshof wurde außer Kraft gesetzt, die Pressefreiheit eingeschränkt, die Errichtung von Anhaltelagern analog den Konzentrationslagern im Deutschen Reich zur Anhaltung politisch Andersdenkender beschlossen und die Todesstrafe wieder eingeführt. Mit dem Verbot der Kommunisten und der Nazis im Mai und Juni 1933 glaubte sich Dollfuß zweier Gegner zu entledigen, bevor er sich seinem Hauptgegner, den Sozialdemokraten, zuwandte. Auf dem Weg zum Alleinherrscher versuchten ihn die Nazis mit Rudolf Drtil ein erstes Mal erfolglos zu stoppen, ein halbes Jahr später sollte es ihnen dann gelingen.

Die Konsequenzen

Rudolf Drtil wurde bereits am 18. November 1933 vor Gericht gestellt. Bis dahin hatte man ihm nachzuweisen versucht, dass sein Attentat auf eine Verschwörung der Nationalsozialisten mit mehreren Personen im Hintergrund zurückzuführen sei. Bis heute herrscht Ungewissheit darüber, ob es tatsächlich Hintermänner gab. Es scheint allerdings gut vorstellbar, dass der Schriftsteller Günther, Drtils Stiefvater und fanatischer Nationalsozialist, ihm die Idee zur Tat eingegeben hatte. Der Staatsanwalt untersuchte auch mit Hilfe einer Befragung, ob Drtil von Seiten der Heimwehr angestiftet worden wäre. Offensichtlich hielt man es für denkbar, dass die Heimwehr ihre Finger im Spiel hatte. Tatsächlich scheint es sich aber bei Drtil um einen fanatischen Einzeltäter gehandelt zu haben, der sicher nationalsozialistisch bewegt war und mit dieser Tat für seine Gesinnungsgenossen „ein Zeichen" setzen wollte. Bemerkenswert waren der Täter und die Ausführung der Tat, die so typisch österreichisch erscheinen, allemal. Drtil, zunächst Sozialdemokrat, dann Christlichsozialer und am Schluss Nazi in der „gemäßigten" österreichischen Form, läuft seinem Opfer praktisch einen ganzen Tag lang nach, lässt sich von Hausmädchen und Portieren abweisen, wartet stundenlang geduldig mit der Waffe in der Tasche und hat eigentlich kein klar definiertes Motiv außer die „Beseitigung des Parteiensystems", ohne über die weiteren Konsequenzen nachzudenken. Dass er dann aus einem halben Meter Entfernung auf Dollfuß feuert und ihn trotzdem kaum verwundet, trägt zum Bild dieses typisch österreichischen Attentäters bei. Rudolf Drtil fand gnädige Richter und wurde für seine Tat zu fünf Jahren Kerker verurteilt.

Die Alternative

Das Attentat Drtils auf Dollfuß am 3. Oktober 1933 erfolgte zu einem für Österreich kritischen Zeitpunkt, nämlich in der Übergangsphase von der Demokratie zur austrofaschistischen Diktatur. Dollfuß hatte bereits zwei Parteien verboten, die größte Partei Österreichs aber, die Sozialdemokraten, noch kaum angetastet. Was hätte also nun der Tod von Dollfuß zu diesem Zeitpunkt ändern können?

Festzustehen scheint, dass es unter den Christlichsozialen kaum einen Politiker gegeben hätte, der die Kaltblütigkeit besessen hätte, das Zerstörungswerk von Dollfuß an der Demokratie konsequent fortzusetzen. Vermutlich hätte man sich auf einen Übergangskandidaten als neuen Bundeskanzler innerhalb der Christlichsozialen geeinigt, der eine so schwache Position innerhalb seiner eigenen Partei gehabt hätte, dass er die Sozialdemokraten gegen seine eigenen Parteifreunde in der Heimwehr gebraucht hätte. Mit diesem Szenario wäre vielleicht der Bürgerkrieg von 1934 vermieden worden, mit etwas Glück hätte das Parlament wieder zu seiner Funktion zurückgefunden, und man hätte den gemeinsamen Widerstand gegen die österreichischen und deutschen Nazis organisieren können. Was aber vermutlich an der Tatsache eines Anschlusses an das Deutsche Reich in den Folgejahren kaum etwas geändert hätte. Allerdings wäre der Widerstand gegen Hitler mit einer funktionierenden Sozialdemokratie, deren Anhänger nach dem Bürgerkrieg nicht in die Arme der Nazis getrieben worden wären, sicher größer gewesen. Ohne das leichte Spiel, das Hitler mit Österreich im März 1938 hatte, hätte er es sich vielleicht überlegt, die Tschechoslowakei zu besetzen, und damit wären vielleicht jene Krisen verhindert worden, die zum Ausbruch des Zweiten Weltkrieges führten.

In einem zweiten Szenario hätte die Heimwehr die Ermordung von Dollfuß ausgenutzt und versucht, die Macht im Staat durch Fey und Starhemberg zu übernehmen. Ohne Widerstand und ohne Krieg mit den Sozialdemokraten wäre dies sicher nicht gegangen, der Ausgang wäre vermutlich ähnlich dem von 1934 gewesen. Geblieben wäre ein austrofaschistischer Staat unter der Kontrolle der Heimwehr, der einige Jahre später ebenfalls den Nazis in die Hände gefallen wäre. Die Ermordung des Bundeskanzlers Dollfuß durch Rudolf Drtil lässt also alle historischen Alternativen offen – von keiner Änderung der tatsächlichen Geschichte bis hin zur Vermeidung des Zweiten Weltkrieges.

Die Putschisten

Otto Planetta, Franz Holzweber und die Ermordung von Engelbert Dollfuß (25. Juli 1934)

Die Hintergründe

Nach einer neuerlichen Terrorwelle der Nationalsozialisten Anfang 1934 versuchte Dollfuß, aus dem Ausland Unterstützung für seinen autoritären Regierungskurs zu bekommen. Italien, das einen Anschluss Österreichs an das Deutsche Reich zu befürchten hatte, legte durch seinen Unterstaatssekretär die Bedingung für die Unterstützung von Dollfuß vor: die endgültige Errichtung eines autoritären Regimes in Österreich. Dollfuß hatte damit keine Schwierigkeiten, die Heimwehr hatte längst mit den entsprechenden Vorbereitungen begonnen.
Er begann nun, die politischen Freiheiten in Österreich weiter radikal einzuschränken: Die Arbeiterkammern wurden verboten und Führer des Schutzbundes unter fadenscheinigen Vorwürfen verhaftet. Die Heimwehr formulierte inzwischen ihren Anspruch auf Schlüsselpositionen im Staat. Im Jänner 1934 riefen Dollfuß und der gemäßigte Christlichsoziale Leopold Kunschak, der sich noch immer gegen einen autoritären Staat aussprach, Sozialdemokraten und Christlichsoziale zum gemeinsamen Kampf gegen die Nationalsozialisten auf, ein Angebot, das von den Sozialdemokraten zurückgewiesen wurde, nachdem kurz zuvor die „Arbeiter-Zeitung" verboten worden war.
Die Sozialdemokraten fühlten sich durch die immer offeneren Attacken der Regierung provoziert, obwohl sich die Parteileitung unter Otto Bauer und Julius Deutsch zunächst zurückhaltend verhalten hatte. Dollfuß und die Heimwehr hielten nun die Gelegenheit für gekommen, den Schutzbund zu entwaffnen, und begannen

mit groß angelegten Suchaktionen nach Waffen. Am 12. Februar 1934 entschloss sich der Schutzbund, Widerstand zu leisten, als der führende Sozialdemokrat Bernaschek im Zuge einer Durchsuchung der Linzer Parteizentrale verhaftet wurde. Die bewaffnete Auseinandersetzung zwischen Schutzbündlern und Exekutive führte zum Bürgerkrieg in Österreich. Dollfuß hatte auf diesen Augenblick gewartet. Noch am selben Tag wurde die Sozialdemokratische Partei aufgelöst und ihre Führer verhaftet, Otto Bauer und Julius Deutsch gelang die Flucht in die Tschechoslowakei.

Der Aufstand der Sozialdemokraten war schlecht organisiert und von Anfang an zum Scheitern verurteilt. Teilweise gelang es nicht, die eigenen Anhänger und die Arbeiter zu mobilisieren, ein für einen solchen Fall vorgesehener Aufruf zum Generalstreik blieb erfolglos. Nur in Wien konnte man den Widerstand organisieren, allerdings konnten die Schutzbündler nur isolierte Zentren bilden, die wenig Verbindung zueinander hatten. Auf Seiten der Regierung kämpften Bundesheer, Polizei, Gendarmerie, Heimwehr, Ostmärkische Sturmscharen und die christlich-deutsche Turnerschaft. Die Aufständischen, die sich vor allem in den Arbeiterbezirken an der Peripherie, in den riesigen Bauten des „Roten Wien" wie im Karl-Marx-Hof, verschanzt hatten, kapitulierten zum Teil schon am 13. Februar vor dem brutalen Vorgehen des Bundesheeres, das die zivilen Objekte mit leichten Feldgeschützen beschoss.

Am 14. Februar kam es zum Zusammenbruch der Schutzbunderhebungen in ganz Österreich. Bundeskanzler Dollfuß richtete einen Rundfunkappell an die noch im Kampf befindlichen Sozialdemokraten, unter Zusicherung der Straffreiheit bis zum 15. Februar, zwölf Uhr mittags, ihre Waffen niederzulegen.

An diesem Tag war der Bürgerkrieg zu Ende, die Führer des Aufstandes wurden, soweit sie nicht geflohen waren, verhaftet, von Schnellgerichten verurteilt und hingerichtet. Die Sozialdemokratische Partei wurde verboten, alle Sozialdemokraten aus ihren Ämtern gedrängt, was gleichzeitig das Ende des „Roten Wien" bedeutete. Offiziell kostete der Bürgerkrieg von 1934 196 Tote und 319 Verletzte, tatsächlich dürfte es auf Seiten der Arbeiterschaft aber bis zu 1500 Opfer gegeben haben. Tausende Menschen verließen in der Folge Österreich und flohen ins Ausland, vor allem in die Sowjetunion.

Das austrofaschistische Regime löste die demokratischen Gremien der Wiener Stadtverwaltung auf und setzte mit Richard Schmitz einen neuen Bürgermeister ein. Zahlreiche Straßen und Wohnbauten wurden umbenannt, um die Erinnerung an das sozialdemokratische Wien zu tilgen, alle sozialdemokratischen Partei-, Gewerkschafts- und Kulturorganisationen wurden aufgelöst, die Steuergesetze für Wien soweit verändert, dass die Luxussteuern und damit die Steuerbelastung für die Reichen deutlich gesenkt wurden. Das Wohnbauprogramm wurde eingestellt, zahlreiche Reformen im Schul- und Gesundheitsbereich rückgängig gemacht.

Dollfuß hatte zwar nun die Sozialdemokraten ausgeschaltet, aber nicht in Betracht gezogen, dass seine primären Feinde, die schon längst die Auflösung Österreichs als Staat und einen Anschluss an Deutschland betrieben, die Nationalsozialisten waren. Diese waren zwar längst verboten, traten aber gerade nach den Februartagen mit diversen Anschlägen in Erscheinung. Die Niederlage der Sozialdemokraten trieb ihnen nun viele ehemalige „Rote" zu. Der Sommer 1934 schien die geeignete Zeit zu sein, nach der Macht im Staat zu greifen.

Das Opfer: Engelbert Dollfuß

Nach dem Attentat Drtils hatte sich Dollfuß keinen Tag von seinem Plan, der Errichtung eines autoritär geführten Staates, abbringen lassen. Er hatte die Auseinandersetzung mit den Sozialdemokraten gesucht und gewonnen, durch diesen Sieg fühlte sich Dollfuß bestätigt und verstärkte die Bestrebungen zur Errichtung eines autoritären Staates nach deutschem und italienischem Muster. Er ersetzte die Gewerkschaften durch eine Einheitsgewerkschaft, die Christlichsoziale Partei musste ihre Auflösung beschließen und wurde in die Vaterländische Front eingegliedert, die als einzige politische Bewegung zugelassen war.

Am 1. Mai 1934 glaubte Dollfuß sein Ziel, die Gleichschaltung Österreichs nach deutschem Muster, erreicht zu haben. An diesem Tag – nicht zufällig hatte er den alten Feiertag der Sozialdemokraten dazu gewählt – verkündete er eine neue Verfassung für Österreich, mit der die parlamentarische Demokratie beseitigt und die Vaterländische Front zur Staatspartei erklärt wurde.
Außenpolitisch konnte Dollfuß in den Februartagen 1934 Erfolge erzielen. Am 14. Februar 1934 garantierten England, Frankreich und Italien in der „Drei-Mächte-Garantie" die Unabhängigkeit Österreichs, und am 17. März beschlossen die Regierungschefs Österreichs, Italiens und Ungarns die „Römischen Protokolle", in denen die drei Staaten politische und wirtschaftliche Zusammenarbeit sowie die Unabhängigkeit Österreichs anstrebten. So bedeutsam diese Verträge den Austrofaschisten in Wien auch erschienen, für Hitler in der Berliner Reichskanzlei waren sie nicht das Papier wert, auf dem sie geschrieben waren. Er konnte auf die Zeit setzen. Nach der Ausschaltung der österreichischen Sozialdemokratie und ihrer Organisationen konnten die Nazis in Österreich, straff organisiert und von Berlin geleitet, auf das Ende Österreichs als unabhängiger Staat hinarbeiten. Es war auch Hitler bewusst, dass Dollfuß jene Persönlichkeit in Österreich war, die seinen Plänen am ehesten im Wege stand: Beseitigte man den Kanzler, dann konnte man Österreich so schwächen, dass es sich – früher oder später – den Nazis ergeben musste.

Das Attentat

Obwohl die Todesstrafe, die auch für Sprengstoffbesitz galt, am 10. November 1933 in Österreich wieder eingeführt worden war, begann im Mai 1934 erneut eine nationalsozialistische Terrorwelle zur Destabilisierung des Staates. Höhepunkt sollte ein nationalsozialistischer Putsch am 25. Juli gegen das austrofaschistische Österreich sein. Ziel der Aktion war die Gefangennahme der Regierung durch einen Sturm auf das Bundeskanzleramt, Dollfuß sollte gezwungen werden, auf die Kanzlerschaft zu verzichten, und

Panzerwagen des Bundesheeres am 25. Juli 1934 in Stellung vor dem Bundeskanzleramt.

Anton Rintelen sollte als Bundeskanzler die Macht übernehmen. Parallel dazu plante man, den Rundfunk zu besetzen, gleichzeitig sollte Bundespräsident Miklas in Velden verhaftet werden, in ganz Österreich sollten sich die Nazis erheben und gewaltsam die Macht übernehmen.

Obwohl Dollfuß von einem von den Nationalsozialisten eingeweihten Polizisten vor dem Putsch gewarnt worden ist, können durch Verrat, durch Unfähigkeit der Behörden und durch eine undurchsichtige Verhaltensweise des Heimwehrmajors Fey nicht rechtzeitig wirksame Gegenmaßnahmen eingeleitet werden. Zu Mittag des 25. Juli setzen sich Lastwagen mit SS-Leuten der Standarte 89 in Uniformen des Deutschmeister-Regiments unter der Führung von Franz Holzweber vom Hauptquartier der Nationalsozialisten in der Siebensterngasse 11 im 7. Bezirk in Richtung Bundeskanzleramt in Bewegung. Ein weiterer Trupp ist auf dem Weg zur RAVAG, der Radio-Verkehrs-AG in der Johannesgasse in der inneren Stadt. Er soll das Rundfunkgebäude in Besitz nehmen und von dort über Radio die Absetzung der Regierung Dollfuß verkünden. Eine dritte Abteilung hat sich bereits nach Velden in Bewegung gesetzt, um dort Bundespräsident Miklas zu verhaften, hat aber übersehen, dass am Tag zuvor ein Anschlag auf ihn verübt worden ist und er deshalb unter besonderer Polizeibewachung steht.

Im Bundeskanzleramt wird den Lastwagen – man hält sie irrtümlich für die Wachablöse – bereitwillig das Tor geöffnet. Die Wache des Bundeskanzleramtes ist gegen die eindringenden Nazis hilflos, da ihre Gewehre ohne Munition sind. Um etwa 13 Uhr sind alle Schlüsselpositionen im Haus besetzt und 150 Beamte im Hof zusammengetrieben. Einer der Putschisten, Otto Planetta, läuft zum Büro des Bundeskanzlers, der soeben versucht, aus dem Gebäude zu flüchten. Im Ecksalon treffen die beiden Männer auf-

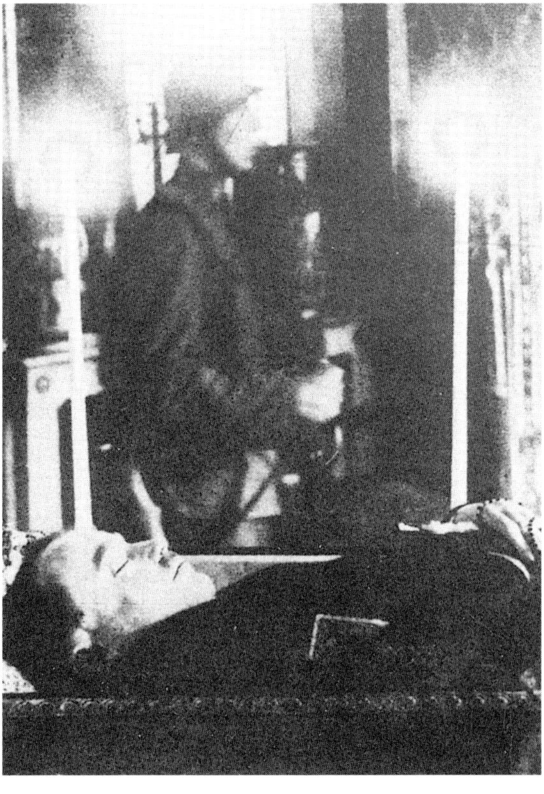

Aufbahrung des ermordeten Bundeskanzlers Dollfuß.

einander. Bis heute ist nicht sicher, ob die zwei Schüsse, die Dollfuß tödlich trafen, von den Putschisten geplant waren oder ob sie bei einem Handgemenge oder in der Aufregung einfach „passierten". Planetta gibt bei seiner Gerichtsverhandlung an, der Schuss habe sich irrtümlich gelöst, bestreitet aber, einen zweiten Schuss abgefeuert zu haben. Das erste Projektil dringt unterhalb des linken Ohres in den Hals, verletzt das Rückenmark und lähmt die untere Körperhälfte. Die Verletzung ist tödlich, allerdings stirbt Dollfuß nicht sofort. Eine zweite Kugel schlägt knapp daneben ein. Diese zweite Kugel gibt bis heute Rätsel auf, da sie nicht vom selben Kaliber gewesen sein soll wie die erste: Das würde die Existenz eines zweiten Schützen belegen. Man hat dafür die verschiedensten Personen namhaft gemacht, vom Heimwehrmajor Fey, der mit Dollfuß eine Rechnung offen hat, über einen unbekannt gebliebenen Putschisten bis hin zu einem der Polizisten, der Dollfuß den Gnadenschuss geben will. Der schwer verletzte Dollfuß wird auf ein Sofa gebettet, während sich die Putschisten des Kanzleramtes bemächtigten. Dollfuß fragt zunächst nach einem Arzt, dann nach einem Priester, beides wird ihm verweigert. Er bittet noch, dafür zu sorgen, dass sich Mussolini seiner Familie annehmen solle, und gibt Fey, den die Putschisten inzwischen zu ihm gebracht haben, Anordnungen, nach denen im Falle seines Todes Schuschnigg mit der Regierungsbildung zu betrauen wäre. Bis zuletzt wehrt er sich gegen die Forderung Holzwebers, Rintelen als Bundeskanzler einzusetzen und mit der Bildung einer neuen Regierung zu betrauen. Mit den Worten: „Ich lasse meine Frau und meine Kinder schön grüßen", stirbt Dollfuß kurz nach 15 Uhr.

Inzwischen hat der zweite Trupp der Putschisten das Rundfunk-

1938 wurde von den Nazis am Bundeskanzleramt eine Gedenktafel zum 25. Juli 1934 angebracht, 1945 entfernt.

gebäude der RAVAG besetzt und zwingt den Ansager, zu verkünden, dass die Regierung Dollfuß zurückgetreten sei und Rintelen die Regierungsgeschäfte übernommen habe. Allerdings übersehen die Putschisten, dass die Nachricht über den Sender Bisamberg ausgestrahlt wird, und nachdem die regierungstreuen Ingenieure des Senders diese Durchsage gehört haben, schalten sie den Sender ab und verhinderen so jede weitere Durchsage. Die SA- und SS-Einheiten, die in ganz Österreich in Wartestellung liegen, bleiben ohne Anweisungen, die sie über Rundfunk erhalten sollen. Die Regierungsmitglieder beauftragen inzwischen Kurt Schuschnigg mit der provisorischen Leitung der Geschäfte, und dieser setzt zum Gegenschlag an. Nach einer zweistündigen Schießerei wird das Rundfunkgebäude zurückerobert. Das Kommando, das Bundespräsident Miklas in Gewahrsam nehmen soll, wird während einer kurzen Kaffeepause selbst verhaftet, noch bevor es in Velden angelangt ist.
Um 19 Uhr 30 ergeben sich die Verschwörer in dem inzwischen von Heimwehr und Bundesheer umstellten Bundeskanzleramt gegen die Zusicherung von freiem Geleit, das allerdings nach dem Bekanntwerden des Todes von Dollfuß wieder zurückgenommen wird. Der Putsch ist offiziell gescheitert. Planetta, Holzweber und fünf weitere Putschisten werden in Wien zum Tod verurteilt. Die Österreichische Legion, eine militärisch organisierte Truppe exilierter österreichischer Nazis in Deutschland, die bereits nach Österreich unterwegs ist, wird wieder zurückgeholt, der deutsche Botschafter in Wien, Rieth, der durch den Putsch kompromittiert ist, wird durch Franz von Papen ersetzt.

Die Attentäter

Franz Holzweber und Otto Planetta standen zusammen mit dem ebenfalls am Putsch beteiligten Fridolin Glass an der Spitze des 1933 von Dollfuß aufgelösten Deutschen Nationalsozialistischen Soldatenbundes im Bundesheer. Holzweber wurde am 20. November 1904 in Wien geboren, im Bundesheer bekleidete er zuletzt den

Heldenplatz 1938.

Rang eines Wachtmeisters, beim Attentat trug er die Uniform eines Hauptmanns. Planetta wurde 1899 in Wischau in Mähren geboren, 1916 rückte er freiwillig mit 17 Jahren in die k. u. k. Armee ein und diente nach 1918 in der Volkswehr und der Gendarmerie, zuletzt war er Stabswachtmeister im österreichischen Bundesheer. Abgerutscht in die Arbeitslosigkeit, wirkte er führend bei der Aufstellung und dem Einsatz der SS-Standarte 89 mit.

Die Konsequenzen

Der Fehlschlag des Naziputsches in Wien ließ auch die Kämpfe in den Bundesländern bald zusammenbrechen, in Kärnten und der Steiermark dauerten sie bis in die Mittagsstunden des 27. Juli an.

Nur wenige Tage nach dem Putsch kamen die Verschwörer vor Gericht. Sie hatten sich laut dem freien Geleit, das man ihnen zugestanden hatte, darauf verlassen, unbehelligt nach Deutschland ausreisen zu dürfen. Der Tod von Dollfuß, der Schuschnigg zu diesem Zeitpunkt noch nicht bekannt war, hatte die Situation geändert. Holzweber, Planetta und vier Wiener aktive Sicherheitswachebeamte namens Leeb, Maitzen, Hackl und Wohlrab, die ihre Uniform dazu benutzt hatten, den Putschisten einen Vorteil zu verschaffen, traten am 31. Juli 1934 den Gang zum Schafott an. Weitere Todesurteile wurden gegen den Anführer jener Putschisten, die das RAVAG-Gebäude besetzt hatten, ausgesprochen sowie gegen Nazis, die sich in den Bundesländern an den Kämpfen beteiligt hatten. Viele dieser Todesurteile wurden später in Haftstrafen umgewandelt.
Die Austrofaschisten begannen bereits kurz nach dem Juli 1934, den ermordeten Bundeskanzler Dollfuß zu glorifizieren, ihm wurden Plätze gewidmet – wie der Platz um die Votivkirche. Nach der Fertigstellung der Wiener Höhenstraße wurde an ihrem Beginn eine Statue des hl. Engelbert aufgestellt, und in den Schulen wurde das Lied des Austrofaschismus gesungen: „Ihr Jungen, schließt die Reihen gut, ein Toter führt uns an. Er gab für Österreich sein Blut, ein wahrer deutscher Mann. Die Mörderkugel, die ihn traf, die riss das Volk aus Zank und Schlaf. Wir Jungen stehn bereit: mit Dollfuß in die neue Zeit."
Bis heute hält in der Österreichischen Volkspartei die Verehrung von Dollfuß an: Das Porträt jenes österreichischen Bundeskanzlers, der die Demokratie in Österreich vernichtet und Hitler den Weg nach Österreich geöffnet hat, hängt in der Parteizentrale.
Schuschnigg als Nachfolger von Dollfuß hatte weder das Gespür, die Härte oder das politische Können, um Hitler lange zu widerstehen. Unfähig, einen Ausgleich mit den Sozialdemokraten zur gemeinsamen Verteidigung Österreichs zu finden, musste er vier Jahre später das Land kampflos den österreichischen Nazis und den Truppen des Deutschen Reiches überlassen.
Nach dem Anschluss 1938 wurde von den Nationalsozialisten

Totenkult der Nazis um die Putschisten vom 25. Juli 1934. Obere Reihe 3. v. li: Otto Planetta, 4. v. li. Franz Holzweber.

zum Gedenken an die hingerichteten Juli-Putschisten ein wahrhafter Kult betrieben: Zahlreiche Straßen, Plätze und Siedlungen wurden nach Holzweber und Planetta benannt, und man enthüllte eine Gedenktafel am Bundeskanzleramt.

Die Alternative

Was wäre geschehen, hätte Dollfuß das Attentat überlebt? Wäre Österreich ein eigenständiger Staat geblieben? Man kann am Erfolg von Dollfuß zweifeln, wie es die Historiker Manfred Scheuch und Anton Pelinka getan haben. Ihrer Meinung nach wollte Österreich zwar gegen Hitler-Deutschland auftreten, aber die Anschlussidee war während der ganzen Ersten Republik und auch danach lebendig geblieben. Vielleicht hätte sich Dollfuß, der außenpolitisch flexibel war, mit Hitler arrangiert, dennoch wäre Österreich in einer Konstellation, in der die Westmächte noch nicht bereit waren, der Expansion Hitler-Deutschlands mit militärischer Gewalt entgegenzutreten, nicht rettbar gewesen. Dollfuß, der ein völlig anderes Temperament als sein Nachfolger Kurt Schuschnigg hatte, hätte es vielleicht verstanden, sowohl innen- wie außenpolitisch auf mehreren Ebenen zu spielen. Allerdings war er nicht jener konsequente Antinazi, zu dem er dann als Opfer des Naziputsches gemacht wurde. Zu bezweifeln ist die Fähigkeit Dollfuß', sich mit der Arbeiterschaft auszusöhnen, was aber eine der Bedingungen für einen erfolgreichen Widerstand Österreichs gegen Hitler gewesen wäre. Dollfuß war zu stark von der Heimwehr und von der katholischen Kirche beeinflusst, deren Kirchenfürsten damals einen völlig konträren Standpunkt zu den sozialdemokratischen Ideen vertraten – für sie war die Sozialdemokratie schuld an Gottlosigkeit und Sittenverfall.

Auch der Ständestaat hätte keine Zukunft gehabt, da er ein artifizielles, realitätswidriges, in sich widersprüchliches Konzept, eine Mischung aus totalitären und demokratischen Elementen war. Ein demokratischer Patriotismus, eine Art früher Schulterschluss zwischen Sozialdemokraten und Austrofaschisten hätte die existierende Klassengesellschaft nicht geeint.

Wenn die geopolitische Lage für Österreich anders gewesen wäre, hätte sich unter Umständen – wie in Spanien unter Franco oder in Portugal unter Salazar – eine Diktatur, gestützt auf Militär und Kirche, mit der ideologischen Verbrämung einer berufsständischen Ordnung entwickeln können. „Wenn Österreich auf der Iberischen Halbinsel gelegen wäre, hätte Dollfuß 1970 im Bett sterben können", meinen Scheuch und Pelinka.

Der eifersüchtige Philosoph

Johann Nelböck und das Attentat auf Moritz Schlick (22. Juni 1936)

Die Hintergründe

Der gewalttätige Terror gegen Andersdenkende gehörte in der Ersten Republik zum Instrumentarium der weltanschaulichen Lager. Es waren nicht nur die Attentate auf Politiker, sondern eine Unzahl kleiner Anschläge und Gewalttätigkeiten, die das Klima zwischen den Parteien vergifteten. Man störte die Aufmärsche und Kundgebungen des Gegners, man verwickelte ihn in Saalschlachten, und oft genug blieben Tote und Verletzte auf der politischen Bühne zurück. Begonnen hatte die Gewalt in der Ersten Republik sofort nach ihrer Ausrufung – mit den Massendemonstrationen und den Putschversuchen der Kommunisten und Roten Garden. Waffen waren aus dem Krieg noch genug vorhanden, und die rechtsradikalen Stoßtrupps und die sozialdemokratischen Arbeiter bildeten bald schwer bewaffnete paramilitärische Verbände. In Österreich gab es kaum ein Wochenende, an dem es bei politischen Versammlungen nicht zu Raufereien, Schlägereien und Schusswechseln kam. Mit der Aufstellung des Republikanischen Schutzbundes und der Heimwehr konnte die Aggressivität wenigstens teilweise in geordnete Bahnen gelenkt werden, Feldübungen und Massenaufmärsche reichten oft als Zurschaustellung der Kräfte, wenngleich es auch weiterhin zu Scharmützeln im Umfeld politischer Veranstaltungen kam.
Die rücksichtsloseste Gewaltpolitik praktizierten die österreichischen Nationalsozialisten. Ihre Stoßtrupps suchten in den 20er-Jahren der Ersten Republik bevorzugt die Sozialdemokraten heim. Nach 1933 und der Ausschaltung des Parlamentes wechselten sie

Universitätsprofessor Moritz Schlick.

den Gegner und unternahmen im Frühjahr und Sommer 1933 eine Reihe von Angriffen auf den katholisch-autoritären Staat, eine Taktik, die sich 1934 mit Bomben- und Sprengstoffattentaten fortsetzte und die im Juliputsch von 1934 ihren Höhepunkt erreichte. Parallel dazu bekannten sich die Nationalsozialisten zum Terror und zum Mord an führenden Politikern und Juden.

Von diesem Klima der Gewalttätigkeit, die den Aufruf zur Gewalt und zum Mord am politisch Andersdenkenden und an den Juden zur Alltäglichkeit werden ließ, wurde auch Moritz Schlick, Gründer und Mentor des Philosophenkreises der Wiener Schule, getroffen, gegen den sich eine jahrelange Hetzkampagne sowohl von nationalsozialistischer wie auch von klerikaler Seite entlud.

Die Nationalsozialisten betrachteten Schlick als einen jüdischen Philosophen, der die abendländische Gesellschaft mit seiner Philosophie zerstören wollte. Ironie dabei ist, dass Schlick kein Jude war, wie die Nazis aufgrund seines Vornamens annahmen. Die katholisch-konservativen Kreise missbilligten seine Philosophie, die auf der Ablehnung des Metaphysischen – und damit sahen sie auch die Kirche angegriffen – zugunsten einer wissenschaftlichen Aussage basierte, auf das Heftigste.

Der „Wiener Kreis" war eine Gruppe von rund drei Dutzend Gelehrten aus den Bereichen der Philosophie, Logik, Mathematik, Natur- und Sozialwissenschaften im Wien der Zwischenkriegszeit und zählt unbestritten zu den bedeutendsten und einflussreichsten philosophischen Strömungen des 20. Jahrhunderts, speziell als Wegbereiter der sprachanalytischen Philosophie und der Wissenschaftstheorie.

Den Kern dieser modernistischen Bewegung, die auch als Neopositivismus bezeichnet wird und die im Jahr 1929 erstmals mit der Programmschrift „Wissenschaftliche Weltauffassung, der Wiener Kreis" in die Öffentlichkeit getreten war, bildete der so genannte „Schlick-Zirkel" um den Philosophie-Ordinarius Moritz Schlick. Zu diesem inneren Kreis zählten unter anderen Friedrich Waismann, Herbert Feigl, Rudolf Carnap, Hans Hahn, Philipp Frank, Otto Neurath, Viktor Kraft, Karl Menger, Kurt Goedel und Edgar Zilsel. An den Treffen der Philosophen in der Boltzmanngasse nahmen Olga Taussky-Todd, Olga Hahn-Neurath, Felix Kaufmann, Rose Rand, Gustav Bergmann, Richard von Mises teil sowie sporadisch auch Hans Reichenbach, Alfred Jules Ayer, Ernest Nagel, John von Neumann, Willard Van Orman Quine oder Alfred Tarski. Auch Ludwig Wittgenstein, Karl R. Popper und Heinrich Gomperz pflegten Kontakte zum „Wiener Kreis".
Gemeinsames Ziel dieses aufklärerischen und pluralistischen Diskussionszirkels war eine Verwissenschaftlichung der Philosophie mit Hilfe der modernen Logik auf der Basis von Alltagserfahrung und einzelwissenschaftlicher Empirie. Ziel war es auch, die Philosophie, genauso wie die Mathematik und die Physik, in Zukunft als Wissenschaft zu betreiben. Dazu stellte man drei Theorien auf, die auf der Ablehnung der Metaphysik, der Schaffung einer Wissenschaftstheorie und der Einheitswissenschaft basierten.
Besonders die Ablehnung der Metaphysik und damit auch der Religion musste den „Wiener Kreis" und ihr Oberhaupt Moritz Schlick mit den klerikal-konservativen Kräften des katholischen Ständestaates in Konflikt bringen, sodass die Gruppe nicht nur von den Nazis, sondern auch von der Kirche bekämpft wurde. Die Philosophie des bekanntesten Gegners der Neopositivisten, dem Professor für Gesellschaftslehre und Nationalökonomie der Wiener Universität, Othmar Spann, die auf der Neuordnung des Staates auf einer berufsständischen und föderalistischen Grundlage bei gleichzeitigem Antimarxismus, Antiliberalismus und antidemokratischem Denken beruhte, wurde von der Heimwehr und dem

Ständestaat zur Untermauerung ihres Programms herbeigezogen. Es ist also kein Wunder, dass in diesem Klima ein Philosoph wie Moritz Schlick auf die „gelbe Liste" des letzten Obmanns der Christlichsozialen Partei, Emmerich Czermak, als einer jener Professoren kam, bei denen man als Student nicht inskribieren sollte – Schlick befand sich hier in guter Gesellschaft mit Sigmund Freud. Gleichzeitig wurde deutlich gemacht, dass man Schlick als einen Mann betrachtete, der dem Staat gefährlich war und auf den man lieber verzichtet hätte, wenn seine internationale Reputation nicht so bedeutend gewesen wäre. Durch diese Hetze aufgestachelt, erschoss im Juni 1936 der Philosoph Johann Nelböck aus persönlichen und politischen Motiven Moritz Schlick auf der Philosophenstiege der Wiener Universität.

Der Täter: Johann Nelböck

Johann Nelböck stammte aus einfachsten Verhältnissen. 1903 wurde er als zweiter Sohn eines Kleinbauern in Brandl bei Lichtenegg im Bezirk Wels in Oberösterreich geboren, der älteste Sohn erbte den Hof, Nelböck konnte in Wels das Gymnasium besuchen. Nachdem er mit Auszeichnung maturiert hatte, ging er nach Wien und begann 1925 Philosophie zu studieren, wobei er sich den Großteil seines Studiums selbst zu finanzieren hatte. Nelböck suchte sich Schlick als Doktorvater für seine Dissertation über „Die Bedeutung der Logik im Empirismus und Positivismus" aus, die er 1930 zur Approbation einreichte. Im März 1931 promovierte er an der Wiener Universität. Nelböck, der wusste, dass seine wissenschaftlichen Fähigkeiten kaum für eine weitere Beschäftigung an der Universität ausreichten, begann sich nach der Promotion für das Lehramt zu interessieren, als es im Juni 1931 zu einem Zusammenstoß mit seinem Lehrer Schlick kam. Bei Schlick studierte zu diesem Zeitpunkt die Studentin Sylvia Borowitzka, die bei ihm dissertieren wollte, was Schlick aber ablehnte, da ihm ihre Kenntnisse zu gering erschienen. Nelböck verehrte diese Studentin, und beide sollen die Absicht kundgetan ha-

Johann Nelböck vor Gericht.

ben, Schlick zu erschießen, worauf Schlick sie bei der Polizei anzeigte. In einer zweiten Version, die Nelböck später bei seinem Prozess vorbrachte, habe Schlick mit Sylvia Borowitzka im Jahr 1930 eine Freundschaft oder Beziehung unterhalten, während sie Nelböck zwar freundlich, aber uninteressiert gegenübergestanden habe.

Nelböck und Borowitzka landeten beide zur Psychiatrierung in der Universitätsklinik. Das Urteil über Sylvia Borowitzka lautete: „ein nervöses, charakterologisch etwas absonderliches Mädchen". Nelböck wurde für drei Monate in die Heil- und Pflegeanstalt am Steinhof eingewiesen, danach als geheilt entlassen. Ein Jahr später bedrohte er Schlick abermals, wieder gefolgt von einem Aufenthalt in einer psychiatrischen Klinik. Seinen Plan, Lehrer zu werden, hatte er inzwischen aufgegeben, da er wusste, dass Schlick in der Prüfungskommission saß. Nelböck wandelte sich nun aus Hass gegen seinen ehemaligen Lehrer zum Antipositivisten und hielt bezahlte Vorträge in verschiedenen Vereinen, fand aber als Philosoph keine Anstellung, wofür er wiederum Schlick verantwortlich machte. Den letzten Anstoß zur Tat bekam er im Frühjahr 1936, als er Vorträge an der Volkshochschule Ottakring halten sollte. Dort hatte man sich über ihn erkundigt, seine Feindschaft zu Schlick wurde bekannt, und er wurde vom Obmann Viktor Matejka mit den Worten „... in der Volksbildung gibt's etliche Narren im Sinne von Idealisten, aber wir müssens ja net direkt vom Steinhof beziehen" abgelehnt. Nelböck, der seinen Hass auf Schlick über Jahre aufgebaut hatte, beschloss nun, sich an Schlick zu rächen.

Das Attentat

Am 22. Juni kurz nach neun Uhr früh betritt Moritz Schlick wie jeden Tag die Aula der Universität, wendet sich nach rechts in Richtung Philosophenstiege, um zum Hörsaal 41 zu gelangen. Im Gehen unterhält er sich mit einer Studentin und bemerkt nicht, wie Nelböck an ihm vorbeistürmt, die Stiegen hinaufläuft, plötzlich am Stiegenabsatz stehen bleibt, sich umwendet und eine kleine Selbstladepistole, System Singer, zieht. Nach dem späteren Zeugnis einer Bedienerin ruft Nelböck noch: „Hund, du verfluchter, da hast du's!" – er selbst gibt später beim Prozess an, „du Lüstling" gerufen zu haben –, und feuert viermal. Zwei Projektile durchschlagen das Herz Schlicks, ein Geschoss durchschlägt den Rumpf, eines trifft ihn in den linken Unterschenkel. Während man Schlick in das Dekanat der Philosophischen Fakultät bringt, bleibt Nelböck stehen und lässt sich widerstandslos von der Polizei verhaften. Schlick, der Schöpfer des Neopositivismus und der Begründer des Wiener Kreises, stirbt wenige Minuten später auf einem grün bespannten Konferenztisch, den Kopf auf zwei Bücher gestützt.

Das Opfer: Moritz Schlick

Moritz Schlick wurde am 14. April 1882 in Berlin geboren. Entgegen der Meinung der Wiener Nationalsozialisten war er jedoch kein Jude, sondern stammte aus einer altadeligen preußischen Familie, die in die „Liste des reinblütigen deutschen Adels" aufgenommen war. Den Vornamen Moritz, der in den Ohren der Nazis jüdisch klang, hatte er nach Ernst Moritz Arndt, einem Vorfahren seiner Mutter und Ahnvater des deutschen Nationalismus, bekommen. Zunächst studierte Schlick Physik und Mathematik und promovierte 1904, betreut von Max Planck, über ein Problem der Lichtreflexion. 1905 bis 1907 folgten Studien in Göttingen, Heidelberg und Berlin und ein zweijähriges Studium der Psychologie in Zürich. Von 1911 bis 1921 schloss sich eine Lehrtätigkeit in

Rostock an, von 1921 bis 1922 lehrte er in Kiel als Professor für Naturphilosophie und Ethik. 1922 übernahm Schlick in der Nachfolge Ernst Machs und Ludwig Boltzmanns den Wiener Lehrstuhl für Philosophie der induktiven Wissenschaften, ab 1924 organisierte er einen wissenschaftlichen Diskussionszirkel, aus dem der „Wiener Kreis" entstehen sollte.

Die Publikationsliste Schlicks weist Abhandlungen zur Ethik, Ästhetik, Logik, zur Grundlagenproblematik der Mathematik und der Naturwissenschaft auf. Im Anschluss an diese Forschungen und insbesondere an die von Albert Einstein formulierte Relativitätstheorie führten ihn die Beschäftigung mit Poincaré und Helmholtz zu einer grundsätzlichen Kritik der Philosophie Kants, die Schlick verneinte. Dieses Programm entfaltete er in seinem Hauptwerk „Allgemeine Erkenntnislehre" aus dem Jahr 1918. Danach resultiert Erkenntnis aus dem Alltagserkennen und dem Prozess der empirischen Wissenschaften, jede Form von Metaphysik wird verworfen. Gegenstände sind exakt in Beziehung zu anderen Gegenständen zu setzen und begrifflich zu bestimmen. Erkenntnisurteile beziehen sich auf die Zuordnung dieser Beziehungen zur erkenntnisunabhängigen Wirklichkeit. Räumliche wie zeitliche Bezugsschemata entscheiden über den Wirklichkeitscharakter von Gegenständen. In den Diskussionen des „Wiener Kreises" spiegelte sich die Ablehnung der Metaphysik wider. Nur empirische Sätze sowie Aussagen der Logik und Mathematik seien sinnvoll, die Philosophie habe sich auf die Überprüfung solcher Sätze im Sinne der Sprachkritik zu beschränken – hier wird der Einfluss Wittgensteins auf Schlick sichtbar. In den 1930 erschienenen „Fragen der Ethik" verwarf Schlick die Vorstellung, es gebe absolute ethische Werte. Statt den von der Gesellschaft formulierten Normen nachzustreben, müsse der Mensch seiner eigenen Zielsetzung, wie sie seinen „natürlichen Neigungen" entspringe, folgen. Wiederholt begegnet bei Schlicks ethischen Überlegungen der Begriff „Glück". Der Mensch strebe nach der Verwirklichung seines Glücks, die empirische Psychologie könne dazu beitragen, diese Zusammenhänge zu erforschen.

Die Konsequenzen

Unmittelbar nach dem Tod Schlicks begann eine heftige Diskussion, die von Seiten deutsch-nationaler Kreise bemüht war, Schlick und seiner Philosophie die Schuld an seiner Ermordung zuzuschieben. Nelböck wurde von der konservativen Presse verteidigt, indem man dem Positivismus die Schuld an seiner Tat zuwies: „Vierzehn volle Jahre tranken junge Menschenblüten den Giftfusel des Positivismus als Wasser des Lebens in sich hinein ... Edelporzellan des Volkstums, heimathörige Schollenkinder, edler Wuchs aus dem Kraftreservoir unseres Bauernstandes, Menschen, entzündlich für das Schöne und Hohe. Schüttet man in diese aufnahmefähigen Naturen eine Lehre wie den Positivismus, dann hat das eine Wirkung, wie wenn man jemandem Salzsäure oder Schwefelsäure in den Mund schütten würde, seelischer Tod und schweres seelisches Siechtum sind die Folge ... in solcher Lage befand sich wohl Nelböck, als er seinen einstigen Lehrer Schlick erschoss ..."

Ein „Prof. Dr. Austriacus" – hinter dem Synonym verbarg sich der Philosophieprofessor Johann Sauter – setzte noch hinzu, dass Nelböck kein Irrsinniger gewesen sei, sondern dass der Mord „... ein katastrophenartiger Ausdruck von jener weltanschaulichen Not und Verzweiflung, in welche eine gewisse Universitätsphilosophie die akademische Jugend stürzte", gewesen sei. Danach wäre also Nelböck durch die Lehre Schlicks wahnsinnig geworden, das Opfer hätte sich folglich durch seine Philosophie den eigenen Mörder herangezogen.

Auch Nelböck versuchte in seinem Prozess, diese Argumente zu verwenden, allerdings sah der Staatsanwalt den Fall anders gelagert und vermutete persönliche Rache als Motiv für die Tat. Er beantragte die Todesstrafe, die Geschworenen schlossen sich allerdings dem Argument der Verteidigung an, und in der Urteilsbegründung hieß es dann: „Das Motiv war die grundverschiedene Weltanschauung ... Der Beschuldigte, der von Natur aus religiös eingestellt ist, hat die wissenschaftliche Bekämpfung des von

Prof. Schlick vertretenen Positivismus bzw. den destruktiven Tendenzen des atheistischen Positivismus entgegenzuarbeiten, für unerlässlich erachtet." Nelböck wurde zu zehn Jahren Haft verurteilt, nach dem Anschluss 1938 allerdings freigelassen. Er versuchte, sich den Nazis anzubiedern, und gab an, er habe die Tat aus ideologischen Motiven begangen und die persönlichen Gründe nur vorgeschoben. Diese Argumentation war selbst den Nazis zuviel, sie verweigerten ihm die Wiederherstellung der aberkannten bürgerlichen Rechte und die Rückgabe des Doktortitels mit der Be-

8 Groschen für Oesterreich

Illustrierte Kronen Zeitung

40 Heller tschechoslow. Währ. f. d. tschechoslow. Republik

37. Jahrgang. Druck, Verlag, Eigentum und Herausgabe G. Davis & Co., Wien, IX., Bramergasse 28. Verantwortlicher Schriftleiter: Emil Weiwarl. Wien, IX., Türkenstraße 9. Nr. 13.085.

Post-Abonnement für Oesterreich 1 Monat 2 Schilling 55 Groschen. Postspark. Wien: Konto-Nr. 51755.

Wien, Dienstag, den 23. Juni 1936. Redaktion und Administration: Wien, IX., Bramergasse 28. Tel. A-12-5-25. Ab 9 Uhr abends: Tel. A-13-5-26 u. A-13-5-27. Nachtexpedition: Tel. A-13-5-29. Stadtbureau: I., Schulerstr. 19. Tel. R-27-2-36.

Post-Abonnement für die tschechoslow. Republik, 1 Monat Kč 11.—, 3 Monate Kč 33.— Postspark. Prag: Konto-Nr. 51755.

Die Millionärstochter und der Zigeunerbub. Im Mittelpunkt einer romantischen Liebesgeschichte zwischen Budapest und Paris stehen eine französische Millionärstochter und der 16jährige Primas der „Zigeunerbuben", die auch in Wien bei ihrem Auftreten großen Erfolg hatten. Die reiche Französin will den kleinen Zigeuner heiraten und hat bereits die Zustimmung ihrer Eltern zu diesem Projekt erhalten.

Mord in der Wiener Universität.

Der Attentäter Dr Hans Nelböck

Das Opfer des Mordanschlags Professor Dr Moritz Schlick

Das erste Verhör mit dem Mörder am Schauplatz der Tat.

Titelblatt der Illustrierten Kronen-Zeitung zum Attentat auf Moritz Schlick.

gründung, es gehe nicht an, dass Nelböck „... sich jetzt in einem durch die nachfolgenden Ereignisse geschaffenen Lichte sonnt". Nelböck starb 1954 in Wien.
Für den „Wiener Kreis" bedeutete der Tod Schlicks das Ende der Zusammenkünfte. Aus so genannten „rassischen" und politisch-weltanschaulichen Gründen setzte sich die gewaltsame Vertreibung und Auflösung des „Wiener Kreises", die parallel zu seiner Internationalisierung seit Beginn der 30er-Jahre begonnen hatte, nach der Ausschaltung der Demokratie 1933/34 und nach dem Anschluss 1938 fort. Fast alle Philosophen verließen Österreich: Karl Menger emigrierte 1936 in die USA, Friedrich Waismann 1937 nach England, Felix Kaufmann flüchtete 1938 nach New York, Zilsel und Goedel folgten 1939 und 1940 nach Princeton. Während der Logische Empirismus nach dem Zweiten Weltkrieg vor allem im angloamerikanischen und skandinavischen Raum eine breite Aufnahme erlebte und zur Herausbildung der modernen Wissenschaftstheorie beitrug, konnte die Wiener Philosophische Schule nach dem Zweiten Weltkrieg den Verlust, den sie durch den Exodus wissenschaftlicher Vernunft erlitten hatte, nicht mehr wettmachen, geschweige denn ersetzen.

Die Alternative

Es ist schwer zu sagen, was passiert wäre, hätte es kein Attentat gegeben oder hätte Schlick die Schüsse Nelböcks überlebt. Schlick war zum Zeitpunkt seines Todes erst 54 Jahre alt und hätte sicher noch einen wesentlichen Einfluss auf die Philosophie der kommenden Jahrzehnte ausüben können. Es ist anzunehmen, dass er Österreich spätestens nach dem Anschluss verlassen hätte und nach England oder in die USA gegangen wäre. Vielleicht hätte der „Wiener Kreis" als entscheidende Vereinigung der Wiener Philosophen in Cambridge oder Princeton überleben können.

Der Professor und der Neonazi

Taras Borodajkewycz, Günther Kümel und das Attentat auf Ernst Kirchweger (31. März 1965)

Die Hintergründe

Die Geisteshaltung des Nationalsozialismus war in den 60er-Jahren in weiten Teilen der österreichischen Bevölkerung noch immer präsent. Mit der militärischen Niederlage des Deutschen Reiches betrachteten sich jene Österreicher, die zuvor begeistert der nationalsozialistischen Machtübernahme zugestimmt hatten, plötzlich als die „ersten Opfer des Nationalsozialismus". Mit dieser Opferthese, welche sogar in der Unabhängigkeitserklärung Österreichs 1945 ihren Ausdruck fand, konnte sich die Zweite Republik bequem aus ihrer historischen Verantwortung befreien. Da es zwischen 1938 und 1945 nur vereinzelten Widerstand gegen das NS-Regime gegeben hatte, musste die Nazi-Diktatur von den Alliierten militärisch zerschlagen werden. Im Land selbst wurde nach 1945 mit den ideologischen Versatzstücken des Nationalsozialismus und bei weiten Teilen der Bevölkerung auch mit der Ideologie nie gebrochen. Nach einer kurzen und oberflächlichen „Entnazifizierung" waren die ehemaligen NS-Funktionäre schnell wieder in Amt und Würden. Eine Umerziehung der Bevölkerung fand nicht statt, eine Aufarbeitung der Geschichte schon gar nicht. Man gab sich damit zufrieden, wieder ein demokratisches Rechtssystem errichtet zu haben, und konzentrierte sich auf den wirtschaftlichen Wiederaufstieg, Entnazifizierung sollte weniger Strafe denn Rehabilitation bedeuten. Man nahm als selbstverständlich an, dass die ehemaligen Nazis in der neuen Gesellschaft automatisch zu einer politischen Neuorientierung finden würden. Rassismus und Antisemitismus hatten somit auch in Österreich nach 1945 ihren Platz im Denken weiter Bevölkerungskreise, die Studenten nicht ausgeschlossen. Alle zugelassenen Parteien wie SPÖ, ÖVP und KPÖ buhlten mit der Zulassung der alten NSDAP-Mitglieder zu den Nationalratswahlen ab 1949 wieder um deren Stimmen. Gleichzeitig wurde mit dem „Verband der Unabhängigen" (VdU) ein parteipolitisches Auffangbecken für ehemalige Nazis gegründet. Nach der Spaltung des VdU im Jahr 1956 gründete der rechte Parteiflügel die Freiheitliche Partei Österreichs (FPÖ). Die Meinung der Bevölkerung gab die inoffizielle Äußerung des Sozialisten Karl Renner wieder, der am 29. August 1945 sagte: „... dass alle diese kleinen Beamten, die kleinen Bürger und Geschäftsleute bei dem seinerzeitigen Anschluss an die Nazis gar nicht weit tragende Absichten gehabt haben – höchstens, dass man den Juden etwas tut ... Wenn nun diese Leute schwer bestraft werden und ihre Stellung verlieren, so appellieren sie an das Mitleid und das Gerechtigkeitsgefühl der Menschen, und es kann sein,

Demonstration gegen Taras Borodajkewycz am 31. März 1965 vor der Wiener Oper.

dass dann die Stimmung umschlägt; und dies umso mehr, als es fast keine Familie, auch keine sozialistische Arbeiterfamilie gibt – ich gebrauche dieses Wort für sozialdemokratisch und kommunistisch –, die nicht in der näheren oder ferneren Verwandtschaft Leute hat, die mit den Nationalsozialisten mitgegangen sind."

Nach 1945 stellte sich die Frage der Rückgabe des jüdischen Eigentums und einer Entschädigung der aus Österreich vertriebenen Juden. Ministerratsprotokolle aus dieser Zeit bezeugen einen tief gehenden Zynismus unter den Regierungsmitgliedern aller Parteien. Der von den Alliierten anerkannte Opferstatus, der vor allem die Auslöschung des Staates Österreich nach dem Anschluss hervorhob, diente als Rechtfertigung dafür, die Entschädigung der Juden Österreichs „in die Länge zu ziehen", so der ehemalige sozialistische Innenminister Oskar Helmer.

Die antisemitische Einstellung von Politikern aller Parteien und die Schikanen der Bevölkerung gegen die nach 1945 nach Wien zurückkehrenden Juden waren nur Ausdruck der wahren Stimmung nach dem Zusammenbruch des Dritten Reiches. Berichte über antisemitische Ausschreitungen in Wien nannte der damalige sozialistische Bürgermeister Theodor Körner „... bewusste Lügen oder gedankenloses Geschwätz, denn der Wiener ist Weltbürger, und daher von vornherein kein Antisemit".

Dabei kam es gerade am Ende der 50er-Jahre zu einer Gegenbewegung der Entnazifizierung, indem man den Nationalsozialismus und seine Taten bagatellisierte und tabuisierte, was zu einer zunehmenden Toleranz gegenüber neonazistischen und antisemitischen Äußerungen führte. So wurden im Oktober 1959 in Wien „Schiller-Feiern" abgehalten, die von Deutschnationalen als Propagandamittel verwendet wurden, und 1960 gab es öffentliche Sympathiekundgebungen für den in Israel vor Gericht stehenden Adolf Eichmann.

Eine erste öffentliche Konfrontation mit Rechtsradikalen fand Anfang der 60er-Jahre im „Fall Borodajkewycz" statt. Universitätsprofessor Taras Borodajkewycz hielt an der Wiener Universität für Welthandel eine Vorlesung in Zeitgeschichte, in der er unter dem

Gelächter und Gejohle rechtsradikaler Studenten antisemitische Äußerungen kundtat. Zunächst wurden Studenten, die den Skandal an die Öffentlichkeit brachten, wegen „Ehrenbeleidigung" verurteilt. 1965 wurde der Fall neu aufgerollt. Dabei wurde bekannt, dass Borodajkewycz bereits 1956 erklärt hatte, das „Geflunker von der österreichischen Nation" gehöre zu den „unerfreulichsten Überresten des an Gesinnungs- und Würdelosigkeiten reichen Jahres 1945". Als die Äußerungen 1965 öffentlich bekannt gemacht wurden, veranlasste die Staatsanwaltschaft Erhebungen nach dem NS-Gesetz. Die Hochschülerschaft organisierte Demonstrationen gegen Borodajkewycz, die rasch zu prinzipiellen Auseinandersetzungen zwischen Antifaschisten und Deutschnationalen eskalierten und zu einem Todesopfer führen sollten.

Das Opfer: Ernst Kirchweger

1898 geboren, nahm Ernst Kirchweger von 1916 bis 1918 als Matrose am Ersten Weltkrieg teil, er beteiligte sich an der Matrosenrevolte in Cattaro und kämpfte danach auf Seiten der Roten Armee. Das Versagen der sozialdemokratischen Führung im

Der Demonstrationszug gegen Taras Borodajkewycz 31. März 1965 am Kohlmarkt.

Jahr 1934, die dem Aufkommen des Austrofaschismus und der Diktatur der austrofaschistischen Kräfte in Österreich nichts entgegensetzen konnte und zurückwich, bewog ihn dazu, sich von der Sozialdemokratie zu trennen. Er schloss sich nach 1934 der illegalen KPÖ an, die sich im Austrofaschismus und in der Nazizeit zur Widerstandsbewegung gegen Faschismus, Nationalsozialismus und Kriegstreiberei entwickelte. Ernst Kirchweger engagierte sich dabei unter Einsatz seines Lebens in den illegalen freien Gewerkschaften und verbrachte dafür fünf Jahre in den Konzentrationslagern des Dritten Reiches. Auch nach dem Niedergang des Nationalsozialismus betätigte er sich weiter als Kommunist und Antifaschist.

Das Attentat

Nach einer Pressekonferenz von Borodajkewycz am 25. März 1965 kommt es am 29. März zu einer ersten Pro-Borodajkewycz-Demonstration in Wien, die Zusammenstöße mit Gegendemonstranten verursacht. Borodajkewycz muss seine Vorlesungen absagen, „um zur Beruhigung der Studenten" beizutragen. Für den 31. März ruft die Österreichische Widerstandsbewegung zu einer Großdemonstration gegen eine weitere Anstellung von Borodajkewycz an der Universität auf, Treffpunkt ist der Platz vor der Karlskirche. In unmittelbarer Nähe, vor der Technischen Universität, sammeln sich die Anhänger von Borodajkewycz, großteils Studenten des Ringes Freiheitlicher Studenten (RFS) aus dem Umfeld der FPÖ. Die beiden Demonstrationszüge geraten rasch aneinander, aus beiden Richtungen fliegen Eier und faules Obst, Schmährufe wie „Bolschewiken" und „Proletengesindel" werden ausgestoßen. Als die Anti-Borodajkewycz-Demonstranten Richtung Oper ziehen, werden sie am Ende der Wiedner Hauptstraße von den Pro-Borodajkewycz-Demonstranten aufgehalten, die Kundgebung eskaliert: Man kämpft mit Fahrradketten, Totschlägern und Stahlruten, die Rufe lauten nun „Juden raus" und „Hoch Auschwitz". Vor dem Hotel Sacher kommt es zu einem Handgemenge, bei dem der in der rechten Szene bekannte Neonazi Günther Kümel dem 67-jährigen Pensionisten Ernst Kirchweger einen Schlag gegen den Kopf versetzt. Dieser stürzt und schlägt mit dem Hinterkopf auf dem Asphalt auf, seine Verletzung ist so schwer, dass er am 2. April stirbt. Der spätere Finanzminister Ferdinand Lacina, der sich neben Kirchweger befindet, ist Augenzeuge des Vorfalls. In unmittelbarer Nähe zu Kümel marschiert auf Seiten des RFS der spätere FPÖ-Spitzenpolitiker Holger Bauer, der die Vorfälle allerdings laut eigenen Aussagen nicht wahrnehmen konnte. An der Spitze des für die Pro-Borodajkewycz-Demonstration mitverantwortlichen RFS stehen Helmut Krünes als RFS-Vorsitzender und Friedhelm Frischenschlager als RFS-Generalsekretär. Die Handgreiflichkeiten zwischen den beiden Demonstrationszügen setzen sich bis in die späten Abendstunden fort. Am Minoritenplatz, vor dem Burgtheater und dem Denkmal der Republik am Ring fliegen immer wieder Böller und Stinkbomben in die Menge, vor der Universität werden Stapel der als Borodajkewycz-feindlich bekannten Zeitung „Kurier" verbrannt. Ferdinand Lacina meinte später zu den Geschehnissen dieses Tages: „... Es ist eigentlich ein Wunder, dass es nur einen Toten gegeben hat."

Die Täter

Den ideologischen Hintergrund für die Auseinandersetzungen und gewaltsamen Demonstrationen lieferte der damals 63-jährige Universitätsprofessor Taras von Borodajkewycz. Er wurde am 1. Oktober 1902 in Wien geboren und wuchs in Baden bei Wien, wo er auch die Schule besuchte, streng katholisch erzogen auf. Nach der Matura begann er in Wien Theologie zu studieren, wechselte aber bald zur Geschichte, wo er unter dem großdeutschen Historiker Heinrich Ritter von Srbik Assistent war. 1934 kam er an das Haus-, Hof- und Staatsarchiv und blieb dort bis 1942, dann ging er als außerordentlicher Professor nach Prag, wo er bis März 1945 unterrichtete.

Universitäts-
professor Taras
Borodajkewycz.

Bereits während seiner Studienzeit war er dem katholischen Kartellverband (CV) beigetreten, 1933 erhielt er für die Organisation des Katholikentages in Wien einen hohen päpstlichen Orden. 1934 trat er der damals illegalen NSDAP bei. „Ich war überzeugter Katholik und habe trotzdem ja zu dieser Bewegung gesagt", meinte Taras Borodajkewycz später über seinen Beitritt zur NSDAP. 1943 sollte er wegen angeblich kritischer Äußerungen ausgeschlossen werden, berief dagegen, kam mit einem Verweis davon und blieb Parteimitglied. Als Belasteter kam er 1946 nach Wien zurück und konnte hier dank eines russischen Stipendiums am Österreichischen Institut für Wissenschaft und Kunst forschen – er arbeitete

Günther Kümel vor Gericht.

eng mit dem Marx-Lenin-Institut in Moskau zusammen. 1949 nahm er an der „Oberweiser Zusammenkunft" teil, die die Stimmen der Altnazis für die ÖVP organisieren sollte. Aufgabe von Borodajkewycz war es, die Forderungen der Nazis an die ÖVP für eine Unterstützung zu formulieren. Als die geheime Zusammenkunft Tage später bekannt wurde, formulierte die „Arbeiter-Zeitung": „... jeden anständigen Menschen in der Volkspartei muss es grausen vor diesem mehrfachen Überläufer, der den krummen Weg vom Kreuz des Papstes zum Kruckenkreuz, weiter zum Hakenkreuz und schließlich zum Sowjetstern ging, der allen dienstbar war ..."

1950 wurde Borodajkewycz nachträglich als Minderbelasteter eingestuft und durfte wieder an der Universität unterrichten, 1955 wurde er außerordentlicher Professor für Wirtschafts- und Sozialgeschichte an der Hochschule für Welthandel in Wien. Bereits

1956 war er durch Äußerungen aufgefallen, die sich gegen die „österreichische Nation" wandten, Gleiches wiederholte sich 1962. Als Heinz Fischer und Oskar Pollak ihn daraufhin eine „Zumutung für die Studenten" nannten, klagte er dagegen – Fischer und Pollak wurden wegen des Tatbestandes der Übertretung gegen die Sicherheit der Ehre durch öffentliche Schmähung verurteilt. Die Pressekonferenzen von Borodajkewycz am 24. und 25. März 1965, bei denen er gegen die Vorwürfe des Antisemitismus Stellung nahm, führten in der Folge zu den bisher schwersten politischen Unruhen in der Zweiten Republik und zum Tod von Ernst Kirchweger.

Borodajkewycz hatte nur das ideologische Fundament für die Unruhen am 31. März 1965 gelegt, der physische Täter war der 24-jährige Günther Kümel. 1941 in Teheran geboren, wo sein Vater als Ingenieur arbeitete, bekam er schon in der Familie eine nationale Erziehung. Im Alter von 16 Jahren trat er dem „Bund Heimattreuer Jugend" bei, 1957 wurde er bei Hakenkreuzschmierereien erwischt, 1958 warf er Stinkbomben gegen den Maiaufmarsch der Sozialisten. 1960 erlangt er die Position eines Bezirksjugendführers im „Ring Freiheitlicher Jugend" in Wien-Döbling. 1962 fiel er ein weiteres Mal auf, als er gemeinsame Aktionen mit dem prominenten Rechtsradikalen Gerd Honsik veranstaltete: Dazu zählen die Entfernung des Kranzes von Chruschtschow beim Denkmal der Österreichischen Widerstandsbewegung und Pistolenattentate auf das Geschäftslokal der Alitalia und das Parlament.

Die Konsequenzen

Das Verfahren gegen Günther Kümel beschränkte sich auf die Untersuchung des kriminellen Tatbestandes der Notwehrüberschreitung – der politische Hintergrund der Tat wurde nicht diskutiert. Zahlreiche Zeugen, darunter Ferdinand Lacina, bestätigten, dass Kümel Kirchweger direkt angegriffen habe. Kümel dagegen gab an, er habe sich von dem 67-jährigen, als schmächtig beschriebenen Pensionisten bedroht gefühlt, außerdem habe er fünf- oder sechsmal einen Boxkurs besucht und die Folgen seines Schlages nicht abschätzen können. Einige Borodajkewycz-Sympathisanten, darunter der spätere Anwalt Skender Fani und Holger Bauer, bestätigten indirekt die Version Kümels. Günther Kümel wurde wegen Totschlages an Ernst Kirchweger zu zehn Monaten Haft verurteilt, die Wiener Universität erkannte ihm ein Studiensemester ab. Nach der Verbüßung der Haft wechselte Kümel an die Innsbrucker Universität, wo er durch die Vermittlung nationaler Freunde einen Platz im internationalen Studentenheim bekam. Nach einem weiteren Delikt – er hatte einen Bombenanschlag auf das Alitalia-Büro vorgetäuscht – verließ Kümel Österreich und ging in die Schweiz, dort beging er nochmals ein Vermögensdelikt, dann verlor sich seine Spur.

Nach einem weiteren Prozess, den Borodajkewycz gegen seine Kritiker Heinz Fischer und Oskar Pollak angestrengt hatte und den er, nun unter dem Eindruck der Geschehnisse, verlor, war er auch

Das Begräbnis Ernst Kirchwegers wurde zur Demonstration gegen Faschismus und Antisemitismus in Österreich.

vom damaligen Unterrichtsminister der ÖVP, Theodor Piffl-Perčević, nicht mehr als Universitätslehrer zu halten und wurde im Mai 1967 pensioniert. Er starb 1984 in Wien.
Das Begräbnis von Ernst Kirchweger am 8. April 1965 geriet zu einer beeindruckenden Manifestation gegen den Faschismus, an der sich 25.000 Menschen und die Spitzen der sozialistischen Partei mit Bruno Pittermann und Anton Benya beteiligten. Von Seiten der ÖVP waren Felix Hurdes, Fritz Bock und Alfred Maleta erschienen. Aufsehen erregte die Teilnahme des sozialistischen Präsidentschaftskandidaten Franz Jonas. 1989, 24 Jahre nach Ernst Kirchwegers Tod, wurde in Wien eine Gedenktafel für den ersten politischen Toten der Zweiten Republik enthüllt. Das Ernst-Kirchweger-Haus in Wien, Zentrum der Autonomen Bewegung, trägt seinen Namen.
Aber nicht nur in der FPÖ lebte die Ideologie der Nazis weiter. Die Neonazis organisierten sich bald wieder offen. Als größter und bedeutendster Zusammenschluss dieser Art gründete die „Volkstreue Außerparlamentarische Opposition" (VAPO) in den 80er-Jahren militante „Wehrsportgruppen", die für den gewaltsamen Umsturz übten. Deutschnationale Burschenschaften konnten und können im universitären Bereich weitgehend ungestört ihren Aktivitäten nachgehen. 1970 kam es im Zuge des Nationalratswahlkampfes zu weiteren Ausbrüchen des Antisemitismus, als die ÖVP mit dem Spruch „Ein echter Österreicher" gegen den Kandidaten der SPÖ, Bruno Kreisky, der jüdischer Herkunft war, auf Plakaten warb.
Der österreichische Antisemitismus wurde vor allem in der Auseinandersetzung mit der NS-Vergangenheit Kurt Waldheims deutlich, als die Mehrheit der Österreicher in einem „Jetzt-erst-recht"-Effekt den – wegen Kriegsverbrechen beschuldigten – ehemaligen UN-Generalsekretär 1986 zum Bundespräsidenten wählte und alle Vorwürfe mit massiv antisemitischen Gegenvorwürfen unter dem Stichwort „Ostküste" von sich wies. Zwar befindet sich die Ideologie des Antisemitismus und Rassismus am Beginn des 21. Jahrhunderts auf dem Rückzug, dass dieser Geist jedoch bis heute

nicht ganz gebrochen ist, zeigen die Auseinandersetzungen um die Aussprüche Jörg Haiders gegen den Präsidenten der jüdischen Kultusgemeinde Ariel Muzikant.

Die Alternative

So bedauerlich der Tod Ernst Kirchwegers auch erscheint, so sehr war er der Auslöser einer Neubewertung des Umganges Österreichs mit seiner Vergangenheit. Ohne dieses Opfer wäre jene Diskussion ausgeblieben, die dazu führte, dass Österreich beginnen musste, sich vom Opfermythos zu verabschieden und die Rolle der Bevölkerung in der Nazizeit und den modernen versteckten Antisemitismus zu hinterfragen. Wenn diese Diskussion im Anschluss an die Borodajkewycz-Affäre auch nur ein Anfang war – ohne sie hätte es vermutlich keine Waldheim-Diskussion, kein Hinterfragen der Rückstellungen von geraubtem Gut jüdischer Bürger, kein Mahnmal auf dem Wiener Judenplatz gegeben. Das Ereignis, der Tod Ernst Kirchwegers als erstes Opfer politischer Gewalt in der Zweiten Republik, bedeutete einen Einschnitt in der Geschichte des Landes. Ein Ausbleiben des Attentates hätte bewirkt, dass man die Unruhen als studentische Querelen abqualifiziert und der Aufarbeitungsprozess, so schmerzhaft er für Österreich auch ist und war, kaum oder erst wesentlich später eingesetzt hätte.

Die Terroristen

„Carlos", „Nada" und „Angie" und der Überfall auf die OPEC (21. Dezember 1975)

Die Hintergründe

Eigentlich begann die Geschichte des OPEC-Überfalles bereits 1896 in Wien mit der Veröffentlichung des Buches „Der Judenstaat" von Theodor Herzl, der die Gründung eines eigenen jüdischen Staates in Palästina vorschlug.
In der Folge kam es zu einer vermehrten Einwanderung von Juden nach Palästina, die versuchten, die Grundzüge eines jüdischen Staatswesens zu etablieren. Dies führte zu Konflikten mit den ansässigen Palästinensern, die ebenso wie die eingewanderten Juden begannen, sich eigene Organisationen zu schaffen. 1937 empfahl die „Peel-Commission" die Teilung Palästinas in einen jüdischen und einen arabischen Teil. Eine landesweite Revolte der Palästinenser, die bis 1939 anhielt und von der britischen Mandatsregierung blutig niedergeschlagen wurde, folgte.
Auch nach dem Ende des Zweiten Weltkrieges riss der Strom jüdischer Flüchtlinge, die den europäischen Vernichtungslagern der Nazis entkommen waren, nicht ab. Die Briten, denen die Kontrolle über das Land entglitt, übergaben das „Palästinaproblem" 1947 den Vereinten Nationen.
Am 29. November 1947 beschloss die UN-Vollversammlung die Teilung Palästinas, die arabischen Staaten und die Palästinenser lehnten den Teilungsbeschluss ab. Nach der Ausrufung des Staates Israel am 15. Mai 1948 kam es zum ersten arabisch-israelischen Krieg, der mit einem Sieg der israelischen Streitkräfte über die arabischen Armeen endete. Die Folgen waren Flucht und Vertreibung von rund 2,5 Millionen Palästinensern bis 1967.

Die Niederlage von 1948 und die Vertreibung wurden zum nationalen Trauma der Palästinenser, die Flüchtlingslager zur Keimzelle des Widerstandes, in denen eine neue Generation von Palästinensern heranwuchs, bereit, durch militärischen Widerstand und ab 1967 durch weltweiten Terror für die Rückkehr in ihre Heimat zu kämpfen.

Eine der ersten politischen Organisationen der Palästinenser war der 1952 gegründete „Bund der Arabischen Nationalisten" (BdAN) des christlichen Palästinensers George Habash, eine weitere die „Fatah", die im Jahr 1959 von Yassir Arafat und Khalil al-Wazir in Kuwait ins Leben gerufen wurde. Sie propagierte die Befreiung Palästinas durch militärischen Widerstand und die Vereinigung aller palästinensischer Kräfte als nationale Einheit. Die arabischen Staaten seien nicht in der Lage, das palästinensische Volk in seinem Befreiungskampf effektiv zu unterstützen. Die Ideologie der „Fatah" wurde bald zum Ausgangspunkt eines eigenständigen, palästinensischen Nationalismus und markierte den Beginn der neuen palästinensischen Identität als Widerstandskämpfer. Ihre Dachorganisation fanden die palästinensischen Widerstands- und Terrorgruppen in der PLO (Palästinensische Befreiungsorganisation).

Der Sechstagekrieg 1967 veränderte die Landkarte des Nahen Ostens grundlegend und stellte den Wendepunkt in der Geschichte des palästinensischen Nationalismus dar.

Im Juli 1968 wurden die Änderung der PLO-Charta und die Aufnahme des bewaffneten Kampfes bis zur Befreiung Gesamtpalästinas beschlossen. Rund ein Jahr später, im Februar 1969, wurde Yassir Arafat zum Vorsitzenden des Nationalrates und des Exekutivkomitees gewählt.

Inzwischen hatte es die PLO verstanden, mit weltweiten Terroranschlägen die Aufmerksamkeit der Weltbevölkerung auf das Nahostproblem zu lenken: Mit Flugzeugentführungen und dem Attentat bei den Olympischen Spielen 1972 in München konnte sie in den europäischen Ländern ein Problembewusstsein für die Lage der Palästinenser schaffen, was dazu führte, dass auch europäische

Terrororganisationen wie die Rote Armee Fraktion (RAF) Kontakte zur PLO aufnahmen und ihre Anhänger in deren Lagern schulen ließen.
Mit der Schaffung der OPEC (Organisation Erdöl exportierender Länder) 1960 und der Energiekrise von 1973 glaubte die PLO, dass die arabischen Länder nun über jenes Druckmittel verfügen würden, um auch die palästinensischen Forderungen nach einem eigenen Staat durchsetzen zu können. Sie wurde allerdings insofern enttäuscht, als sich die OPEC stärker von wirtschaftlichen als von politischen Entscheidungen leiten ließ und nicht bereit war, die „Waffe Öl" für die Palästinenser einzusetzen. Dieser Konflikt zwischen der PLO und den arabischen Ländern sollte 1975 zum Attentat auf die OPEC in Wien führen.

Das Opfer: die OPEC

Ende der 50er-Jahre überstieg die Welterdölproduktion deutlich die Nachfrage. Die Ölpreise fielen, und damit sanken die Geldbeträge, welche die internationalen Ölgesellschaften den Erdöl erzeugenden Ländern bezahlten. Als Reaktion auf diesen Zahlungsrückgang wurde die OPEC gegründet, die „Organisation Erdöl exportierender Länder", ein multinationaler Zusammenschluss von Erdölförderstaaten mit dem Ziel, die Erdölpolitik auf dem Weltmarkt zu koordinieren sowie Fördermengen zu bestimmen. 1960 gegründet, gehörten der OPEC 1973 13 Staaten an, und zwar Algerien, Gabun, Indonesien, Iran, Irak, Katar, Kuwait, Libyen, Nigeria, Saudi-Arabien, die Vereinigten Arabischen Emirate, Venezuela und Ecuador. Sitz der OPEC ist Wien, ihr oberstes Organ ist die halbjährlich tagende Konferenz der Erdöl- bzw. Finanzminister.
Anfang der 70er-Jahre begann die internationale Nachfrage das Angebot zu übersteigen: Zwischen 1973 und 1974 erzielte die OPEC – in Folge des Jom-Kippur-Krieges und einer befürchteten Ölverknappung, die nicht zuletzt durch die Drosselung der Förderung der eigenen Mitglieder hervorgerufen wurde – eine fast vierfache Steigerung der internationalen Abgabepreise für Rohöl auf fast

Der Terrorist Hans-Joachim Klein am Fenster des OPEC-Gebäudes bei Verhandlungen mit der Polizei.

zwölf US-Dollar pro Barrel. Es wäre nun von Seiten der arabischen Staaten nahe liegend gewesen, die weltweite Nachfrage nach Öl mit der politischen Frage des Palästinenserproblems zu verknüpfen, wie dies von der PLO und auch von ihren europäischen Verbündeten gefordert wurde. Allerdings hatten die OPEC-Staaten zu diesem Zeitpunkt bereits begonnen, große Summen Petrodollars in die amerikanische und europäische Wirtschaft zu investieren, sodass ein solches Junktim zu finanziellen Verlusten geführt hätte. Zur Durchsetzung dieser Politik sollten die OPEC-Außenminister, die sich im Dezember 1975 zu ihrer halbjährlichen Konferenz in Wien trafen, nun durch terroristische Gewalt gezwungen werden.

Das Attentat

Wenige Tage vor dem 21. Dezember 1975 trifft sich ein kleines Team von Terrorspezialisten in Wien. Der venezolanische Terrorist Illich Ramirez Sanchez, genannt „Carlos", führt die Gruppe an. Seine Gehilfen sind Hans-Joachim Klein alias „Angie", der von den Revolutionären Zellen in Frankfurt angeworben wurde, und Gabriele Kröcher-Tiedemann alias „Nada", die aus der „Bewegung 2. Juni" stammt, sowie drei arabische Terroristen. Ziel der Aktion ist es, die Minister der Erdölkonferenz als Geiseln zu nehmen, um mit ihnen auf eine Propaganda-Weltreise zu gehen. Jeder einzelne Minister soll in sein Heimatland gebracht und dort zum Verlesen einer pro-palästinensischen Erklärung gezwungen werden. Die beiden ärgsten „Feinde" und entschiedensten Gegner des Einsatzes der „Ölwaffe", der saudi-arabische Ölminister Ahmed Saki al-Jamani und der Innenminister Irans, Dschamschid Amusegar, sollen von „Carlos" gleich erschossen werden. Die Terrortruppe ist gut bewaffnet, zwei Maschinenpistolen, acht Pistolen, einen Revolver, acht Handgranaten und fast 20 Kilo Sprengstoff haben Verbindungsleute bereits zuvor nach Wien gebracht.

Illich Ramirez Sanchez, genannt „Carlos".

In Wien laufen die Vorbereitungen schon seit Wochen. Hans-Joachim Klein spioniert mehrmals den Tagungsort, das OPEC-Hauptquartier am Dr.-Karl-Lueger-Ring 10, aus. Mittels Fotos hat man einen Schlachtplan erstellt, für den Morgen des 21. Dezember ist die Aktion geplant.

In der Hauptstadt Österreichs schneit es an diesem Tag. Gegen elf Uhr kommen die Terroristen mit der Straßenbahn an der Haltestelle Schottentor an, nur wenige Schritte vom Tatort entfernt. Waffen und Sprengstoff führt man in unverdächtigen Sporttaschen mit. Am Eingang zum OPEC-Gebäude grüßt Klein einen Polizisten noch mit höflichem „Grüß Gott", freundlich nickend lässt dieser die Terroristen ein.

Doch schon in der Eingangshalle der OPEC-Zentrale machen die Terroristen aus ihren Zielen keinen Hehl mehr. Als Erster zieht „Carlos" eine Maschinenpistole und stürmt zum Lift, um in den ersten Stock, wo die Ölminister tagen, zu gelangen. Der Polizist Anton Tichler versucht, ihn aufzuhalten und entreißt ihm die Maschinenpistole. Die Gruppe drängt ihn in den Lift, vermutlich schießt ihm „Nada" dabei ins Genick, die Terroristen steigen zu der Leiche in den Lift.

Mit dem Aufzug im ersten Stock angekommen, stürmt „Carlos" in den Konferenzraum und schießt wild um sich. Ein unbewaffnetes libysches Delegationsmitglied stirbt im Kugelhagel. Der irakische Leibwächter Hassan al-Khafazi wird ebenfalls tödlich getroffen, wer ihn erschossen hat, weiß man bis heute nicht. Die arabischen Mitglieder des Kommandos befestigen Sprengstoff an den Türen, um ein Eindringen der Polizei zu verhindern.

Klein ist laut Plan für die Sicherung des Vorzimmers abgestellt und schießt panisch auf die Telefonanlage vor einer Sekretärin, weil er glaubt, dass sie mit der Polizei spricht. Ein Kommandotrupp der Polizei versucht kurz darauf, das Gebäude zu stürmen, im Feuergefecht trifft ein Querschläger Klein in den Bauch, er sackt benommen zusammen. Als „Carlos" und seine Gehilfen mit der Sprengung des Gebäudes drohen, muss sich die Polizei zurückziehen.

Klein wird schwer verletzt in ein Wiener Krankenhaus gebracht und dort behandelt, die Ärzte geben ihm aber wenig Überlebenschancen. Seine Komplizen haben sich in der Zwischenzeit im Konferenzraum mit ihren Geiseln verschanzt und verhandeln mit der Polizei. Kurz darauf übergibt eine Geisel die Forderungen der Terroristen. Diese verlangen die Verlesung einer pro-palästinesischen Erklärung im Radio und ein vollgetanktes Flugzeug für die Flucht. Außerdem solle „Kämpfer Angie" in einer Klinik versorgt und dann zum Flugzeug gebracht werden. Den Wiener Behörden ist bewusst, dass ein weiterer Sturm auf das Gebäude zu zahlreichen Opfern unter der Geiseln führen würde – sie willigen auf Druck der OPEC-Staaten nach wenigen Stunden den Forderungen der Terroristen zu.

Am folgenden Morgen führt die Polizei – wie gefordert – die Terroristen und ihre 33 Geiseln, darunter elf Ölminister, in einem mit Gardinen verhängten Bus zum Flughafen Wien, wo ein DC-9-Jet der Austrian Airlines startbereit wartet. Wie vorher besprochen, wird Klein direkt aus der Klinik ans Rollfeld gefahren und fliegt schwer verletzt mit. Der damalige Innenminister Rösch reicht den Terroristen zum Abschied die Hand – ein Bild, dass um die Welt gehen sollte und als Beleg für die nachgiebige Haltung der österreichischen Regierung gegenüber den Terroristen stark kritisiert wurde.
Das erste Ziel der Terroristen ist Algier. Hier lassen sie Klein in einer Klinik behandeln und alle nichtarabischen Geiseln frei. „Carlos" dirigiert das Flugzeug weiter nach Libyen, das aber eine Aufnahme ablehnt. Nun kehren sie mit den verbliebenen Geiseln nach Algier zurück, wo sie freigelassen werden. Die Aktion gilt in

Ein Bus mit verhängten Fenstern bringt Terroristen und Geiseln zum Flughafen.

denen Augen von „Carlos“ als gescheitert, dennoch erhalten die Kidnapper Lösegeld, mit dem sie ihre Flucht in den Nahen Osten organisieren können.

Die Täter

„Carlos“

Mit bürgerlichem Namen heißt „Carlos“ Illich Ramirez Sanchez. Sein Vater, ein wohlhabender Rechtsanwalt in Venezuela, war gläubiger Leninist und taufte seine drei Söhne nach dem russischen Revolutionsführer Wladimir, Illich und Lenin. Im Alter von 15 Jahren wurde der spätere „Carlos“ in der venezolanischen kommunistischen Jugend aktiv. 1966 trennten sich seine Eltern, und er lebte fortan mit seiner Mutter in London. 1968 wurde er nach Moskau auf die Patrice-Lumumba-Universität geschickt, wo zahlreiche „antiimperialistische Kämpfer“ aus allen Teilen der Dritten Welt studierten, aber nach zwei Jahren wurde er wegen seines

Terroristen und Geiseln besteigen eine AUA-Maschine in Wien-Schwechat.

„ausschweifenden Lebensstils" von der Uni verwiesen. Daraufhin suchte er sich als 21-Jähriger eine „Sache", die er an der Seite der Volksfront zur Befreiung Palästinas (PFLP) fand, deren Anhänger er in Moskau kennen gelernt hatte. „Carlos" verließ Moskau in Richtung Naher Osten, kehrte aber häufig an seinen ehemaligen Wohnort London zurück, wo er 1973 und 1974 mutmaßlich zwei Anschläge auf israelische Banken beging. Die folgenden Jahre verbrachte er überwiegend in den Staaten des östlichen Europa, die ihm Rückendeckung boten. Zugleich bereiste er regelmäßig den Nahen Osten, wo er als Söldner für eine Reihe diktatorischer Regime wie den Irak und später Syrien kämpfte. Seine Wege kreuzten dabei die deutscher Terroristen, die im Gefolge der 68er-Revolution einen bewaffneten Kampf gegen die „imperialistischen" Staaten Europas, in erster Linie gegen die Bundesrepublik Deutschland, begonnen hatten. Hier knüpfte er auch jene Kontakte, die ihn mit Klein und Kröcher-Tiedemann bekannt machten, mit denen er 1975 den OPEC-Überfall in Wien verübte.

Hans-Joachim Klein

Klein wurde 1947 in Frankfurt am Main geboren, seine Mutter, eine Jüdin, starb früh an den Spätfolgen der Deportation durch die Nationalsozialisten. Klein wuchs im Kinderheim und bei Pflegeeltern auf, mit 19 Jahren kehrte er zum inzwischen wieder verheirateten Vater, einem ehemaligen Nationalsozialisten, zurück. Er begann eine Lehre als Autoschlosser. Wegen kleinerer krimineller Delikte vorbestraft, erfolgte seine zeitweilige Einweisung in ein Erziehungsheim. Er stieß zum alternativen Milieu des Frankfurter „Westend" und engagierte sich für gefangene Terroristen in der „Roten Hilfe". 1974 wurde er für den internationalen Arm der Roten Zellen geworben und beteiligte sich 1975 zusammen mit „Carlos" am OPEC-Überfall in Wien.

Gabriele Kröcher-Tiedemann

Gabriele Tiedemann wurde 1951 in Ziegendorf, Mecklenburg, geboren. In Berlin studierte sie Politologie und Soziologie, ging dann in den Untergrund und in die Illegalität. 1973 wurde sie erstmals nach einer Schießerei mit der Polizei in Bochum verhaftet und zu acht Jahren Haft verurteilt. Als 1975 die RAF den Berliner CDU-Vorsitzenden Lorenz entführte, wurde Kröcher-Tiedemann am 3. März 1975 aus der Haft freigepresst und mit anderen Genossen aus der „Bewegung 2. Juni" in den Jemen ausgeflogen. Neun Monate später ist sie in Wien und organisiert zusammen mit „Carlos" und Klein den OPEC-Überfall.

Die Konsequenzen

Nach dem OPEC-Anschlag galt „Carlos" als der meistgesuchte Terrorist der Welt, konnte aber mit seinen Komplizen in verschiedenen Terroristen-Camps im Nahen Osten untertauchen. Der Terrorist wurde eines der Opfer des Zusammenbruchs des Ostblocks, der zahlreiche nahöstliche Staaten, darunter Syrien, für dessen Verteidigungsminister „Carlos" arbeitete, ab dem Golfkrieg 1991 an die Seite der USA trieb. „Carlos" wurde fallen gelassen und ging – mittlerweile war er zum Islam konvertiert – in den von islamischen Fundamentalisten regierten Sudan. Das Regime in Khartoum zog jedoch die militärische Hilfe der Franzosen gegen die Rebellen im Süden des Landes vor und lieferte „Carlos" im Gegenzug gegen Waffen und Militärberater im August 1994 dem Pariser Geheimdienst DST aus. Der Terrorist, der zu seiner Person erklärt hatte: „Mein Beruf: Berufsrevolutionär in der alten leninistischen Tradition. Wohnort: die Welt ...", wurde 1997 in Paris wegen Mordes an zwei Polizisten, allerdings nicht wegen seiner Teilnahme am OPEC-Überfall, zu lebenslanger Haft verurteilt.
Nach der Teilnahme an dem Überfall auf die OPEC Konferenz in Wien im Dezember 1975 nahm Klein eine Tätigkeit als Ausbilder von „Widerstandskämpfern" in einem palästinensischen Lager im Südjemen an, brach aber nicht zuletzt unter dem Eindruck seiner Verletzung in Wien mit Unterstützung der Frankfurter linken Szene mit dem Terrorismus und lebte verborgen in Frankreich. 1979 erschien sein Buch „Rückkehr in die Menschlichkeit. Appell eines

ausgestiegenen Terroristen". 1998 wurde er in der kleinen normannischen Stadt Sainte-Honorine-La-Guillaume ausgeforscht und verhaftet, im Februar 2001 in Deutschland vor Gericht gestellt und für seine Teilnahme an terroristischen Aktivitäten, nicht zuletzt wegen des OPEC-Anschlages, zu neun Jahren Haft verurteilt. Einer lebenslangen Strafe entging er, indem er sich als Kronzeuge gegen seine ehemaligen Genossen zur Verfügung stellte, und es nicht nachweisbar ist, ob er an den drei Morden während des OPEC-Überfalles aktiv beteiligt war.
Gabriele Kröcher-Tiedemann kehrte nach der Teilnahme am OPEC-Überfall nach Europa zurück, wurde aber am 20. Dezember 1977 bei Délémont in der Schweiz verhaftet, nachdem sie sich zunächst bei Fahy an der Grenze zu Frankreich noch freigeschossen hatte. 1978 wurde sie in der Schweiz zu 15 Jahren Haft verurteilt, 1987 an die BRD zur Verbüßung der Reststrafe aus den Bochumer Ereignissen und zur Anklageerhebung wegen angeblicher Teilnahme am OPEC-Überfall in Wien ausgeliefert. Man warf ihr vor, dass sie jene Frau mit dem Decknamen „Nada" beim Kommandounternehmen in Wien gewesen sei, die einen Kriminalisten und einen Leibwächter der Ölminister erschossen habe. Im Prozess vor dem Kölner Landgericht hatte sich „dieser Verdacht nicht zur Gewissheit verdichtet": Sie wurde am 22. Mai 1990 von der Anklage freigesprochen. 1991 wurde sie aus der Haft entlassen und versuchte, ins zivile Leben zurückzukehren. Ein Jahr später erkrankte sie an Krebs und starb 1995 im Alter von 44 Jahren.

Die Alternative

Der Überfall auf die OPEC-Konferenz in Wien zeigte keinerlei politische Folgen, was die Tat der Terroristen als völlig sinnlos erscheinen lässt. Die OPEC behielt ihre Politik, die Ölförderung nach wirtschaftlichen Grundsätzen auszurichten und nicht als „Ölwaffe" einzusetzen, auch nach dem Attentat bei.

Der gescheiterte Beamte

Franz Rieser und das Attentat auf Landeshauptmann Leopold Wagner (6. Oktober 1987)

Die Hintergründe

Im Jahr 1974 wurde Leopold Wagner Landeshauptmann von Kärnten – Sozialist und ein „Alpenfürst", wie ihn die „Süddeutsche Zeitung" bezeichnete. Er war als Politiker Pragmatiker, aber kein Weltverbesserer, die linke Ideologie ließ er gern links liegen, wenn es darum ging, zuerst Kärntner und dann Sozialist zu sein. Das Bundesland wurde seit vielen Jahren von den Sozialisten regiert, die sich trotz ihrer absoluten Mehrheit streng an das Proporzsystem bei der Aufteilung der Macht und der Postenvergabe hielten. Kärnten war und ist aber auch national – die Relikte des „Abwehrkampfes" gegen die Slowenen nach dem Ersten Weltkrieg und der Kampf gegen die Tito-Partisanen im Zweiten Weltkrieg haben in der Volksseele Spuren hinterlassen, die nur schwer auszulöschen sind, wie sich auch im Ortstafelstreit 1974 zeigte, als „heimattreue Kärntner, von begeisterter Urangst um ihr deutsches Volkstum getrieben", die topographischen Hinweise herausrissen und auf den Misthaufen warfen. Kärnten ist aber auch, wie alle Bundesländer, durchzogen von politischen Seil- und Kameradschaften: Man muss jemanden kennen, um jemand zu sein oder zu werden. Jemand, der aus der Norm fällt, hat es schwer in einem Bundesland, in dem das Parteibuch zwar die politische Meinung, das Tragen des Kärntneranzuges aber die Gesinnung signalisiert. Personen, die gegen diese Tendenzen auftreten, werden entweder in das System integriert und damit korrumpiert oder sie werden abgeschoben und ausgegrenzt. So wie Franz Rieser, der aus persönlicher Verzweiflung und Abscheu glaubte, dieses System nicht mehr aushalten zu können, und am 6. Oktober 1987 auf Landeshauptmann Leopold Wagner schoss, den er als Repräsentanten dieses Systems treffen wollte.

Der Täter: Franz Rieser

Franz Rieser wurde am 28. Februar 1927 in Feistritz im Gailtal geboren, wuchs in Ferlach auf, absolvierte die Klagenfurter pädagogische Akademie, in der er als Schüler „vif und nicht unintelligent, aber sonst unauffällig" war. Rieser war ein politisch interessierter Lehrer und versuchte, eine politische Heimat zu finden, zunächst trat er den Sozialistischen Lehrern Österreichs (SLÖ) bei, dann ging er zum VdU und wieder zurück zur SLÖ. Seine Aufmüpfigkeit gegen die herrschenden Zustände brachte ihm bereits am Beginn seiner Lehrertätigkeit wenig Freunde ein. Als ein Mensch, der eher den Konflikt suchte, als ihm auszuweichen, wanderte er

Franz Rieser.

als „Springer" durch eine ganze Reihe von Landesschulen, wurde immer wieder versetzt – aus pragmatischen, wie es zunächst hieß, später aus disziplinären Gründen.
1948 gründete Rieser, der sich für zeitgenössische Kunst und Kultur begeisterte, gemeinsam mit Kollegen einen „pädagogischen Klub zur Förderung für Intellekt und Kultur", der den Behörden politisch nicht geheuer war. Man konnte zwar nicht gesetzlich dagegen vorgehen, versetzte aber die Mitglieder, soweit sie Beamte waren, in entlegene Gegenden. Später gründete Rieser eine „Informationsgalerie Alpen-Adria" und veranstaltete Ausstellungen mit Werken von bedeutenden Kärntner Künstlern wie Kiki Kogelnik und Maria Lassnig, Cornelius Kolig und Valentin Oman, fand aber auch in diesem Genre nicht die gewünschte Anerkennung.
1963 hatte sein Wanderleben ein vorläufiges Ende, er wurde an die Hauptschule in Ferlach versetzt und blieb dort. 1969 bewarb er sich als Direktor der Hauptschule, nach dem Proporzsystem stand die ausgeschriebene Stelle aber einem „Schwarzen" zu – Rieser als „Roter" wurde abgelehnt. Er lehnte sich dagegen auf und machte sich dadurch bei seinen Vorgesetzten und Kollegen unbeliebt. Bei der nächsten fälligen Beförderung wurde ihm eine junge Kollegin vorgezogen, was Rieser so erbitterte, dass er sich vor der Schule mit Protesttransparenten aufstellte. Rieser betrachtete sich nun als politisch Verfolgter, er versuchte, sich an die Medien zu wenden, um gegen die Verpolitisierung der Schulen zu protestieren. In der Zwischenzeit war er aber als Störenfried und Querulant abqualifiziert, mit dem niemand zu tun haben wollte, um nicht mit seinen Anliegen gleichgesetzt zu werden. Als seine eigenen Kollegen eine Unterschriftenaktion starteten, um, wie er meinte, „den Ungeliebten in die Frühpension zu intervenieren", erschien er aus Protest nicht mehr zur Arbeit.
In Kollegenkreisen versuchte man, Rieser von diesem schweren disziplinären Verstoß abzuhalten. Doch der hatte sich bereits in seine Rolle als Gerechtigkeitsfanatiker so verrannt, dass eine vernünftige Argumentation nicht mehr möglich war. Man versuchte

daher in der Schulabteilung der Kärntner Landesregierung, ihm den Weg in die Pension zu ebnen – auch dies lehnte Rieser ab. Er wurde im Mai 1987 vom Dienst unter Einbehaltung der Bezüge suspendiert, und ein Disziplinarverfahren wurde eröffnet. Darauf lenkte er notgedrungen ein und suchte um seine Pensionierung an, ohne dass sich aber sein Groll gegen das System legte. Rieser war davon überzeugt, dass ihm Unrecht geschehen war, und er wollte dafür Genugtuung. Noch vor seiner Pensionierung wollte er zum Koordinator für Mathematik ernannt werden – in seinem Fall nur ein Ehrentitel, da er die Stelle nicht mehr ausüben würde. Als man ihm auch dies verweigerte, dachte er darüber nach, wie er sich anderwärts die Genugtuung holen könnte, die ihm zeit seines Lebens als Beamter versagt geblieben war.

Das Attentat

Am 6. Oktober 1987 feiert der Maturajahrgang 1947 der Lehrerbildungsanstalt Klagenfurt im Gasthaus „Volkskeller" sein 40-jähriges Maturajubiläum. Bedeutende Persönlichkeiten haben 1947 diese Schule abgeschlossen, an erster Stelle der nunmehrige Landeshauptmann Leopold Wagner. Unter den Feiernden ist auch Franz Rieser, einer der wenigen Anwesenden, der kaum Karriere gemacht hat. Am Nachmittag hat man das alte Schulgebäude besucht, in dem heute eine Höhere Bundeslehranstalt für wirtschaftliche Frauenberufe untergebracht ist, dann bringen Busse die 79 Teilnehmer in das Planetarium, ehe der Tag im „Volkskeller" ausklingen soll. Bereits während des Tages soll es zu einer kurzen Aussprache zwischen Rieser und Wagner gekommen sein, wobei Wagner seinem alten Schulfreund geraten haben soll: „Geh zurück in die Schul, weil die bringen dich sonst um", worauf Rieser entgegnete: „Na nit die bringen mich um, du bringst mi um." Wagner antwortete: „I bin hier das Gesetz."
Wagner möchte die Maturafeier früh verlassen, er geht von Tisch zu Tisch, um sich zu verabschieden. Kurz spricht er mit einigen über dienstliche Belange und erklärt dann, er müsse noch die Toi-

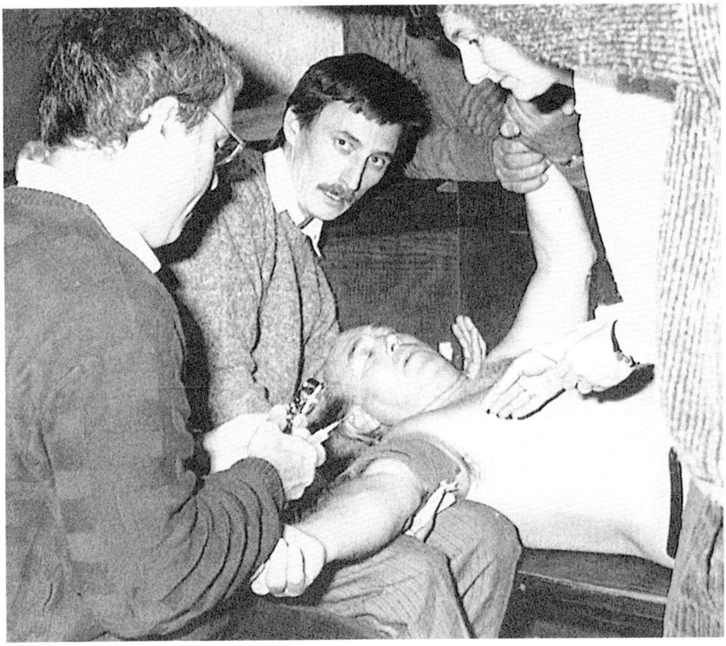

Leopold Wagner wird nach dem Attentat medizinisch versorgt.

lette aufsuchen. Rieser hat sich den ganzen Abend etwas abseits seiner ehemaligen Schulkollegen gehalten, nun steht er ebenfalls auf und folgt Wagner. Was sich in den nächsten Minuten abspielte, konnte nie ganz geklärt werden, da beim Prozess Aussage gegen Aussage stand.

Die vom Gericht angenommene Version lautet, dass Rieser nochmals versucht hat, den Landeshauptmann wegen seiner beruflichen Situation zur Rede zu stellen, er sich dabei von Wagner bedroht gefühlt habe und eine Waffe, einen Arminius-Revolver, den er im Mai 1987 erworben hat und für den er einen Waffenschein besitzt, zieht, um „aus einer Position der Stärke" heraus zu verhandeln. In der darauf folgenden Rangelei habe sich ein Schuss gelöst, der sich in die Decke des „Volkskellers" bohrt. Wagner hat Rieser inzwischen an die Wand gedrückt, wendet sich aber nun erschreckt ab und will den Raum verlassen, da schießt Rieser nochmals in Richtung Landeshauptmann, ohne aber, wie er selbst sagt, „über Kimme und Korn gezielt zu haben". Er trifft Wagner in den Oberbauch. Die Schüsse alarmieren die Gäste, man stürzt ins Stiegenhaus und findet den am Boden liegenden Wagner und den dahinter stehenden Rieser mit der Pistole in der Hand. Rieser wird von den Kellnern überwältigt und zu Boden gedrückt, dort findet ihn auch die sofort alarmierte Polizei, die nicht gerade sanft mit dem Attentäter umgeht. Leopold Wagner wird in das Landeskrankenhaus Klagenfurt eingeliefert, eine Notoperation rettet ihm das Leben.

Das Opfer: Leopold Wagner

Leopold Wagner war zu dieser Zeit ein beliebter Kärntner Politiker, der es aus einfachsten Verhältnissen zum Landeshauptmann gebracht hatte und der sich auch als ehemaliger „begeisterter Hitlerjunge" bezeichnete. Er wurde 1927 in eine Arbeiterfamilie hineingeboren, maturierte 1947 an der Lehrerbildungsanstalt Klagenfurt. Er betätigte sich im Sozialistischen Lehrerverein und wurde 1959 vom Landesschulinspektor zum pädagogisch-administrativen Referenten berufen. 1965 wurde er zum Landesparteisekretär der SPÖ bestellt, 1966 in den Bundesrat entsandt. 1970 war er in der Kärntner Landesregierung tätig, er war SPÖ-Klubobmann und ab 1973 auch Kärntner Landesparteiobmann. Im April 1974 wurde er zum Landeshauptmann gewählt und 1975 in dieser Funktion durch eine Landtagswahl bestätigt. Am 30. Oktober 1984 wurde er zum vierten Mal zum Landeshauptmann gewählt.

Landeshauptmann Leopold Wagner.

Wagner gelang es nach den Unruhen des Ortstafelstreites von 1974, seine Partei zur unbestritten ersten Kraft im Land zu machen und mit ihr sowohl

1979 als auch 1984 die absolute Mehrheit zu verteidigen. 1984 allerdings wurde die Frage der Zweisprachigkeit in Kärnten wieder aktualisiert, da der „Kärntner Heimatdienst" ein Volksbegehren zur Trennung deutsch- und slowenischsprachigen Unterrichts initiierte. Wagners Politik in dieser Frage galt den Deutschnationalen als zu weich, den Slowenen als zu nachgiebig gegenüber den deutschnationalen Forderungen. Wagner beschloss, den Experten das letzte Wort zu lassen, und setzte eine Pädagogenkommission ein, die sich mit der Frage der Ausgestaltung des zweisprachigen Schulwesens beschäftigen sollte.

Wagner, der sich von seinen Freunden gerne als „Poldi" bezeichnen ließ, war bei all seinem Landesvatertum ein beinharter Pragmatiker, er galt als „sportiver Sunnyboy", mit einem Sinn für Team- und Korpsgeist, dem es aber gelang, durch eine Reihe zügig durchgeführter Reformen einerseits die soziale Seite und andererseits auch die nationale Seite der Kärntner anzusprechen. Zum Zeitpunkt des Attentates stand Wagner am Höhepunkt seiner Macht und seiner Popularität, in seiner Rolle als übermächtiger Landesvater wurde er aber auch dafür kritisiert, den Kontakt zum einfachen Volk verloren zu haben und unzugänglich geworden zu sein.

Seinen Gegnern galt Wagners Machtpolitik und Parteibuchwirtschaft als Boden für den späteren Niedergang der SPÖ und den Aufstieg der rechtspopulistischen Politik der FPÖ in Kärnten, seine Politik wird – aus heutiger Sicht – als „Steinzeitsozialismus überholtester Prägung" bezeichnet.

Die Konsequenzen

Im Prozess nahm vor allem jene Frage breiten Raum ein, ob Rieser einen Mord geplant habe, ob es eine Tötungsabsicht gegeben habe oder ob die Schüsse im Affekt und aus der Situation heraus abgegeben worden seien. Rieser, der vom Wiener Anwalt Eduard Wegrostek verteidigt wurde, gab an, dass er nicht die Absicht gehabt habe, zu schießen. Er wollte nur, dass ihm Wagner zuhöre,

wenn nötig auch mit vorgehaltener Waffe. Im Prozess wurde zwar die Frage des Motivs der Zurücksetzung und der persönlichen Kränkung Riesers behandelt, eine Diskussion über die Ursachen des Systems, welche schlussendlich zu Riesers Tat geführt hatten, fand nicht statt. Franz Rieser wurde am 6. Juni 1988 der fahrlässigen Körperverletzung schuldig gesprochen, das Urteil wurde jedoch wegen Irrtums der Geschworenen aufgehoben. Am 28. August 1988 wurde er nach Wiederaufnahme des Prozesses durch das Innsbrucker Landesgericht wegen absichtlicher schwerer Körperverletzung und des Vergehens gegen das Waffengesetz zu drei Jahren Gefängnis verurteilt.
Wagner, der nur knapp dem Tod entgangen war, blieb vorerst im Amt, zog sich aber im Laufe des nächsten Jahres von der aktiven Politik zurück, um schließlich auch den Posten des Landeshauptmanns im September 1988 an Peter Ambrozy zu übergeben. Damit ging die Ära der großen „Landesväter" von Kärnten vorläufig zu Ende, da seither mit wechselnden Koalitionen regiert werden muss.

Die Alternative

Ein Tod Leopold Wagners durch die Hand Franz Riesers hätte am weiteren Gang der Kärntner Landespolitik oder der österreichischen Bundespolitik wenig geändert. Wagner stand in seiner vierten Funktionsperiode als Landeshauptmann und war 60 Jahre alt. Die Suche nach einem geeigneten Nachfolger hatte bereits begonnen, und dieser stand in der Person von Peter Ambrozy längst fest. Eventuell hätten Neuwahlen im Zuge eines erfolgreichen Attentates durch den Mitleidseffekt nochmals eine absolute Mehrheit für die Sozialisten gebracht, der Aufstieg Jörg Haiders zum Landeshauptmann von Kärnten wäre dabei aber höchstens verzögert, kaum verhindert worden.

Der Staatsattentäter

Ahmed Behbahani und das Attentat auf Abdul Rahman Ghassemlou (13. Juli 1989)

Die Hintergründe

Nach der Niederlage im Ersten Weltkrieg wurde das Osmanische Reich aufgelöst, auf seinem ehemaligen Territorium entstanden neue Staaten. Nach dem am 10. August 1920 unterzeichneten Vertrag von Sévres sollte dort auch ein Staat Kurdistan entstehen, ein Plan, der jedoch nie realisiert wurde. Mit dem am 24. Juli 1923 unterzeichneten Vertrag von Lausanne wurde der zum ehemaligen osmanischen Territorium gehörende Teil Kurdistans noch einmal aufgeteilt. Ein Teil wurde der englischen und französischen Mandatsmacht unterstellt und später Syrien und dem Irak einverleibt, der größte Teil Kurdistans blieb innerhalb der Staatsgrenzen der auf den Trümmern des Osmanischen Reiches gegründeten Republik Türkei.
Nach der Unterzeichnung des Lausanner Vertrages und unter dem Eindruck der vorausgegangenen Besetzung der Türkei durch die Siegermächte des Ersten Weltkrieges wurde die türkische Politik gegenüber den Kurden vom bedingungslosen Nationalismus eines Mustafa Kemal „Atatürk" bestimmt. Die Strukturen des neuen Staates wurden gänzlich nach den türkischen Interessen ausgerichtet, die Existenz der Kurden geleugnet, statt der Bezeichnung Kurden wurde der Begriff der „Bergtürken" eingeführt. Neben der kurdischen Sprache und der Ausübung kurdischer Kultur wurden auch die Begriffe „kurdisch" und „Kurdistan" verboten, was in der Folge immer wieder zu kurdischen Aufständen führte. Mit der Gründung der Kommunistischen Partei Kurdistans (PKK) unter

Abdullah Öcalan flammte der Kampf der Kurden wieder auf, seit 1979 regiert die Türkei Kurdistan mit Kriegsrecht, Ausnahmezustand und einem schmutzigen Krieg.

Jene Kurden, die auf irakischem Staatsgebiet leben, leisteten nach dem Ersten Weltkrieg unter Sheik Ahmed Barzani und seinem Bruder Mustafa Barzani Widerstand, der bis heute andauert. Durch eine Reihe von Aufständen konnten sie sich eine Anzahl kultureller Rechte erkämpfen und bekamen eigene Schulen, Universitäten und Radiosendungen zugestanden.

Der größte kurdische Aufstand in diesem Teil Kurdistans begann im Jahr 1961 unter Mustafa Barzani und dauerte bis 1970, als die Kunden sich mit der Zentralregierung auf eine Autonomie einigen konnten. Die Regierung in Bagdad ignorierte in der Folge die Vertragsbestimmungen und provozierte dadurch einen neuen Aufruhr im Jahr 1975, der mit einigen zeitlichen Unterbrechungen bis 1991 andauerte.

Der iranische Staat verfolgte in der Zwischenkriegszeit gegenüber den Kurden eine Politik der Unterdrückung, ähnlich der des Regimes Mustafa Kemals in der Türkei. Als im Zweiten Weltkrieg der Iran von der Sowjetunion und von England besetzt wurde, konnten die Kurden Autonomie erlangen. Sie gründeten die Demokratische Partei Kurdistans (DPK) und proklamierten die kurdische Republik Mahabad. Mit Ende des Krieges löste die Regierung in Teheran mit politischer Unterstützung Englands und Amerikas die Republik Mahabad auf, ihre Führer wurden verhaftet und hingerichtet.

Mit dem Sturz des Schah-Regimes im Jahr 1979 fand dieser Teil Kurdistans noch einmal zu einer kurzen Phase der Autonomie. Mit Hilfe der Peshmergas, einem kurdischen Partisanenverband, gelang es im Anschluss an die islamische Revolution und durch die Schwäche der islamischen Regierung in Teheran im Gefolge des Ersten Golfkrieges gegen den Irak, die iranische Armee und Verwaltung aus Kurdistan zu verdrängen und zeitweise ein autonomes Gebiet einzurichten, das allerdings nur kurze Zeit Bestand hatte und auf erbitterten Widerstand der Regierung in Teheran

stieß. Der aus diesem Grund 1979 begonnene bewaffnete Widerstand der Kurden dauert bis heute an.
Der Grund für die stete Weigerung der Türkei, Syriens und des Iran, einer kurdischen Selbstverwaltung zuzustimmen, liegt im wirtschaftlichen Reichtum des Gebietes begründet. Kurdistan ist wegen seiner Erdölvorkommen und anderer Mineralstoffe ein reiches Land. Ein großer Teil der Erdölquellen des Irak befindet sich in Kurdistan in den Regionen um Kirkuk und Hanikin. Ein Teil der wichtigen Erdölquellen Irans liegt ebenfalls ausschließlich in Kurdistan – um Batman, Diyarbakir und Adiyaman. Auch Syriens Erdölvorkommen befinden sich hauptsächlich in Kurdistan in der Region um Cezire. Daneben ist das Land reich an Bodenschätzen wie Eisen, Kupfer, Chrom, Kohle, Silber, Gold, Uran und Phosphat.
1989 ließ die islamische Regierung unter Präsident Ali Akbar Hashemi Rafsandjani Gesprächsbereitschaft mit der Führung der iranischen Kurden erkennen und lud zur Aufnahme eines Dialogs den Generalsekretär der Demokratischen Kurdischen Bewegung (DPIK), Abdul Rahman Ghassemlou, zu Gesprächen nach Österreich ein. Wie sich nachträglich herausstellte, war dies eine Falle, der Ghassemlou und zwei weitere hohe kurdische Funktionäre am 13. Juli 1989 zum Opfer fielen.

Das Opfer: Abdul Rahman Ghassemlou

Ghassemlou wurde 1930 im iranischen Kurdistan geboren und bekannte sich bereits mit 16 Jahren als Anhänger der kurdischen Republik Mahabad. Nach deren Niederwerfung und der Hinrichtung ihres Führers am 30. März 1947 emigrierte er nach Paris und später in die Tschechoslowakei, wo er ein Wirtschaftsstudium absolvierte und als Professor unterrichtete. 1952 kehrte er für einige Zeit nach Kurdistan zurück. 1973 wurde Ghassemlou zum Generalsekretär der Demokratischen Kurdischen Bewegung (DPIK) gewählt. Sein politisches Programm – Demokratie für den Iran, Autonomie für Kurdistan – brachte ihn in scharfen Gegensatz zur iranischen Staatsführung.

Das Attentat

Abdul Rahman Ghassemlou.

Mitte der 80er-Jahre war der Iran durch den Krieg mit dem Irak wirtschaftlich erschöpft. Es erschien der iranischen Staatsführung daher sinnvoll, einen Dialog mit den Kurden zu beginnen, um die ständige Bedrohung der Nordwestprovinzen und die damit verbundenen hohen Militärkosten in den Griff zu bekommen. Zu diesem Zweck nahm die iranische Staatsführung Kontakt zur DPIK auf, um den Kurdenkonflikt am grünen Tisch zu bereinigen. Ein erstes Meeting am 28. und 30. Dezember 1988 in Wien verläuft viel versprechend, und man vereinbart einen zweiten Besprechungstermin für den 20. Jänner 1989, an dem man über die Fragen der kurdischen Autonomie sprechen will, die Teheran im Prinzip befürwortet. Eine weitere Gesprächsrunde wird für Juli 1989, wieder in Wien, angesetzt. Ghassemlou, der zuvor den Kongress der Sozialistischen Internationale besucht hat, kommt mit zwei hochrangigen Kurdenvertretern nach Wien: mit dem Leiter des DPIK-Zentralkomitees Abdullah Ghaderi-Azar und mit Fadul Rasoul, einem irakischen Universitätsprofessor, der als Vermittler agieren soll.

Am 13. Juli 1989 trifft man sich in Wien in einer privaten Wohnung. Die iranische Delegation besteht ebenfalls aus drei Personen, deren Namen mit Mohammad Jafar Sahraroudi, Hadji Moustafavi und dem Leibwächter Amir Mansour Bozorgian angegeben werden.

Der genaue Ablauf des Attentates ist bis heute nicht ganz geklärt. Fest steht, dass Ghassemlou von drei Kugeln, Abdullah Ghaderi-

Azar von elf und Rasoul von fünf Kugeln – aus nächster Nähe abgefeuert – getötet werden. Nach dem Attentat taumelt ein ebenfalls schwer verletzter Sahraroudi auf die Straße und trifft dort auf den angeblich beim Attentat nicht anwesenden Amir Mansour Bozorgian, der gerade beim Essen gewesen sein will. Nach den Aussagen der Iranis sei das Attentat von den Gegnern der anstehenden Verständigung, entweder von den im Iran oppositionellen Volksmudschaheddin, den kommunistischen Kurden im Iran oder von der separatistischen Kurdischen Partei Kurdistans verübt worden. Nach einer ersten Befragung durch die Wiener Polizei und der ärztlichen Versorgung Sahraroudis können er und Moustafavi Österreich verlassen, Bozorgian wird von der Polizei für 24 Stunden zum Verhör festgehalten, dann freigelassen, er begibt sich in die iranische Botschaft. Was die Untersuchungsbeamten irritiert, ist, dass mit Sahraroudi offenbar auch ein Vertreter des Iran schwer verletzt wird, sodass man anfangs geneigt ist, der Version der Iranis zuzustimmen.

Der Täter: Ahmed Behbahani

Am 4. Juni 2000 gab ein iranischer Staatsbürger, der sich in der Türkei aufhielt und dort um politisches Asyl angesucht hatte, dem amerikanischen Sender CBS ein bemerkenswertes Interview. Er identifizierte sich selbst als Ahmed Behbahani und bekannte sich zu einer Reihe von Terroranschlägen gegen amerikanische Einrichtungen auf der ganzen Welt, weigerte sich aber, das Interview aufnehmen zu lassen, da er glaube, die türkischen Behörden wollten ihn beseitigen. Er traue auch dem Reporter nicht, weil, wie er ausführte: „Sie können auch ein Attentäter sein. Ich persönlich gab mich als Reporter aus, als ich Ghassemlou in Wien ermordete."
Weitere Untersuchungen ergaben, dass Ahmed Behbahani eine der Zentralfiguren des iranischen Staatsterrors gewesen war. Während der Präsidentschaft von Rafsandjani von 1989 bis 1997 fungierte er als Vizeminister des Geheimdienstes im Präsidialbüro, der für terroristische Aktivitäten und Attentate verantwortlich war.

Außerdem war er Vizekommandeur der „Quds-Armee", einer Eliteeinheit der Islamischen Revolutionsgarden, die militärische Trainingslager im Iran, Libanon und Sudan unterhält. Nach seinen eigenen Angaben war er am Lockerbie-Attentat, dem Bombenattentat auf die Khobar-Kaserne in Saudi-Arabien, bei dem 19 amerikanische Soldaten den Tod fanden, und dem Bombenattentat auf das jüdische Gemeindezentrum in Buenos Aires 1994 beteiligt.
Seine Flucht aus dem Iran dürfte mit internen Streitigkeiten im iranischen Ministerium für Information und Sicherheit, dem iranischen Geheimdienst, zusammenhängen, in dessen Folge einer der Direktoren unter ungeklärten Umständen den Tod fand. Eventuell hatte Behbahani dasselbe Schicksal zu befürchten und war in die Türkei geflohen. Welche der drei Personen Behbahani während der Ermordung Ghassemlous verkörperte, oder ob er von den Iranis nachträglich in die Wohnung gelassen wurde, bleibt unbekannt.

Die Konsequenzen

Nur wenige Stunden nach dem Attentat mehrten sich die Zweifel am Tathergang und am von den Iranis genannten Täterkreis, und man versuchte, die iranische Delegation nochmals einzuvernehmen, musste aber feststellen, dass eine Person Österreich bereits verlassen hatte und Bozorgian sich nicht mehr bereit erklärte, die Botschaft zu verlassen. Der dritte Mann wurde zunächst wegen seiner Verletzungen als Opfer betrachtet und konnte Österreich später ebenfalls unbehelligt verlassen.
Um das Schicksal von Bozorgian entspann sich nun ein Tauziehen zwischen den iranischen und österreichischen Behörden. Bozorgian konnte zwar nochmals einvernommen werden, durfte aber wieder in die iranische Botschaft zurückkehren und nach heftigen diplomatischen Interventionen des Iran ebenfalls ausreisen. Drei von der österreichischen Staatsanwaltschaft ausgestellte Haftbefehle gegen die iranische Delegation konnten nicht mehr vollzogen werden.

Welche Gründe dazu führten, dass die iranische Delegation unbehelligt ausreisen konnte, fasste der grüne Abgeordnete Peter Pilz Jahre später in seinem Buch „Eskorte nach Teheran“ zusammen. Danach sei der österreichische Staat gleichsam genötigt worden, die Iranis ausreisen zu lassen, da man sonst Details zur „Noricum-Affäre“ – dem Verkauf von Kriegsmaterial an den Iran – veröffentlichen würde. Auch ein parlamentarischer Untersuchungsausschuss trug wenig zur Aufklärung des Falles bei.

Ghassemlou wurde am 20. Juli unter großer Anteilnahme der kurdischen Bevölkerung in Paris zu Grabe getragen.

Nach der Ermordung Ghassemlous kam es zu einer Reihe von weiteren Attentaten auf kurdische Führer. Auch der neue Generalsekretär der DPIK, Sadiq Sharafkandi, fiel 1992 in Berlin einem Attentat zum Opfer, im 1997 abgehaltenen so genannten Mykonos-Prozess wurde dieser Anschlag vom Berliner Gericht als ein Akt von iranischem Staatsterrorismus bezeichnet. Die europäischen Staaten zogen daraufhin kurzzeitig ihre Botschafter aus dem Iran ab – sie wurden bald darauf aber wieder eingesetzt. Sie weigern sich aus wirtschaftlichen Interessen bis heute, der Sanktionspolitik der USA gegen dem Iran zu folgen. Die Unterdrückung der kurdischen Autonomiebestrebungen wird auch unter Präsident Chatami fortgesetzt.

Die Alternative

Eine fehlgeschlagene Ermordung Ghassemlous in Wien hätte am Schicksal der iranischen Kurden kaum etwas geändert. Die innere Zerrissenheit der Kurden, ihre Aufsplitterung in verschiedenste Fraktionen sowie die Interessen der europäischen Wirtschaft haben bis heute eine weitgehende Autonomie des kurdischen Volkes in den vier von ihm besiedelten Ländern verhindert. Daran hätte auch ein weiterer Vorsitz von Ghassemlou in der DPIK kaum etwas ändern können.

Der Bajuware

Franz Fuchs und die Briefbombenattentate (3. Dezember 1993 – 1. Oktober 1997)

Die Hintergründe

Die Geschichte des Briefbombenattentäters Franz Fuchs ist nicht verständlich ohne Suche nach dem Hintergrund. Franz Fuchs, der gefährlichste politische Attentäter der Zweiten Republik, stellte sich in seinen Vernehmungen stets als ein eher unpolitischer Mann dar, dessen Hauptmotiv war, dass es in Österreich am Ende des 20. Jahrhunderts „zu viele Fremde" gegeben habe und dass man den Fremden – und Fuchs meinte damit auch die slowenischen und kroatischen Österreicher – immer mehr Rechte eingeräumt habe: „Minderheiten sind solche Österreicher, die sich über die gewöhnlichen Österreicher erheben und für sich besondere Privilegien fordern. Dort holen sie sich Subventionen, die sie nur für ihre eigenen Leute fordern. Und weil sie so laut schreien, bekommen sie auch etwas. Ich finde, Minderheiten sind überhaupt nicht notwendig. Wenn einer zu uns kommt, dann soll er unsere Sprache lernen. Da braucht er dann nicht seine eigene Minderheit zu gründen auf Kosten unserer Bevölkerung."
Franz Fuchs stand und steht mit dieser Meinung in Österreich nicht allein. Ein hoher Prozentsatz von Österreichern deklariert sich zur Fremdenfeindlichkeit, eine Haltungsweise, die von einer der österreichischen Parteien, der FPÖ, offen unterstützt wird, die sich als Hauptproponent der Ablehnung von Immigration, sei sie aus wirtschaftlichen oder humanitären Gründen, präsentiert.
Die Ursachen für diese Haltung liegen in der Vergangenheit der Partei, die sich 1956 aus dem Verband der Unabhängigen (VdU),

einem politischen Sammelbecken ehemaliger Nazis nach dem Zweiten Weltkrieg, entwickelte.

Erster Obmann der FPÖ war Anton Reinthaller, ein Nazi der ersten Stunde. Er hatte Adolf Hitler unter anderem als Landwirtschaftsminister der braunen Regierung Seyß-Inquart, Unterstaatssekretär in Berlin und Reichsbauernführer im Gau „Niederdonau" gedient. 1958 trat der ehemalige SS-Offizier Friedrich Peter an die Parteispitze, der versuchte, der FPÖ ein liberales Image zu verpassen und sie ins Zentrum des politischen Geschehens zu rücken. 1980 begann die Ära Norbert Stegers, der an Friedrich Peter anknüpfte und dessen Kurs verstärkte. Steger erteilte den verbliebenen „Ehemaligen" in seiner Partei eine Absage und mühte sich, aus der FPÖ eine liberale Partei zu machen. Dies wurde zwar mit der Regierungsbeteiligung 1983 bis 1986 belohnt, führte aber zu einem massiven Vertrauensschwund bei freiheitlichen Wählern und Funktionären.

Folge dieser Krise war die Kür Jörg Haiders zum Parteichef beim Innsbrucker Parteitag 1986, der eine radikale Korrektur der politischen Linie folgte. Liberale Politik und Programmatik wurden ausgetauscht, wobei man sich in den Wahlkämpfen und Aussagen mit Schlagworten wie „Überfremdung" und „drohende Umvolkung" umgab. Ziel war es, die Immigration von Ausländern, die – auch wenn sie aus humanitären Gründen nach Österreich kamen – als „Wirtschaftsflüchtlinge" desavouiert wurden, zu verhindern. Daneben versuchte man, die Umsetzung der im Staatsvertrag verbrieften Rechte für die in Österreich lebenden Minderheiten zu verzögern oder auszusetzen. Der Zuzug ausländischer Arbeitskräfte wurde zum „Ausländerproblem" und zur „Überfremdung" erklärt. Die Gesellschaft für deutsche Sprache wählte den Begriff „Überfremdung" 1993 zum „Unwort des Jahres", mit der Begründung: „Dieser Begriff dient immer wieder als Pseudoargument für die dumpfe Angst mancher Deutschen, dass sie von angeblich minderwertigen Ausländern majorisiert werden."

Auch die Neonazis verwendeten ab dem Ende der 70er-Jahre diesen Begriff in ihrem Kampf gegen die so genannte „Ausländerflut".

So startete die 1988 behördlich aufgelöste NDP unter Norbert Burger 1982 eine „Bürgerinitiative zur Durchführung eines Volksbegehrens gegen die Überfremdung Österreichs".
1990 sorgte die von prominenten Neonazis angeführte Liste „Nein zur Ausländerflut" mit ihrem Wahlkampf gegen „Überfremdung" für Schlagzeilen. Die Kreiswahlbehörde für den Wahlkreis Wien begründete ihre Zurückweisung des Wahlvorschlages mit dem einschlägigen Charakter ihrer Propaganda. Als Beispiele wurden dort Sätze wie „Überfremdung kostet unsere Lebensqualität", „Kinderarmut und Überfremdung sind die Zange, die unsere Identität zu zerstören droht", oder „Überfremdung ist Völkermord!" angeführt.
Es gab immer wieder Versuche, die Bevölkerung gegen Rassismus und Fremdenfeindlichkeit aufzuklären und zu mobilisieren. So wurden in den 60er-Jahren Aktionen wie die Kolaric-Plakate und 1993 das Lichtermeer auf dem Wiener Heldenplatz ins Leben gerufen. Tatsächlich aber gelang es der FPÖ bis in die Mitte der 90er-Jahre, besonders bei den so genannten „Modernisierungsverlierern" wirtschaftliche und soziale Ängste zu schüren und diese mit der Existenz von Ausländern und Minderheiten in Österreich zu verknüpfen. Genau dies war der Nährboden für einen psychisch labilen Mann wie Franz Fuchs, der glaubte, seine persönlichen Probleme ebenfalls mit dem „Ausländerproblem" verknüpfen zu müssen.

Die Opfer

Alle Opfer der Bombenattentate waren Förderer einer liberalen Ausländerpolitik, Institutionen, die eine solche Politik vertraten, Angehörige von Minderheiten oder in Österreich lebende Bürger ausländischer Herkunft.
In der ersten Briefbombenserie vom 3. und 4. Dezember 1993 waren es der Pfarrer der Hartberger Stadtpfarre und Leiter der örtlichen Caritas-Flüchtlingsberatungsstelle August Janisch, dann Silvana Meixner, die im ORF die Minderheitensendung „Heimat,

fremde Heimat" moderierte, Caritas-Präsident Helmut Schüller und der Vereinsobmann des slowenischen Kulturvereins in Bad Radkersburg, Wolfgang Gombocz. Weitere Bomben wurden an Marlene Petrovic, Klubobfrau der Grünen im Parlament, Terezija Stoisits, grüne Flüchtlingsbeauftragte und Nationalratsabgeordnete, und die Frauenministerin Johanna Dohnal adressiert.
Janisch und Meixner wurden leicht verletzt, schwerer traf es Astrid Bilek, die Sekretärin eines Wiener Rechtsanwaltes, welche die Post an einen in Konkurs gegangenen islamischen Verein öffnete, lebensgefährlich verletzt wurde der Wiener Bürgermeister Helmut Zilk, dem die Briefbombe Teile einer Hand wegsprengte.
Am 24. August 1994 wurde ein Attentat mit einer Rohrbombe auf eine zweisprachige Volksschule in Klagenfurt verübt; dabei verlor der Polizeibeamte Theodor Kelz beide Hände.
In der nächsten Briefbombenserie vom 4. Oktober 1994 waren es Institutionen, die getroffen werden sollten: der Kleinverlag des slowenischen Verlegers Lojze Wieser, die Ausländerberatungsstelle Dornbirn, die Halleiner Papierfabrik, die vom Täter für die Hereinholung „Hunderter Türken" verantwortlich gemacht wurde, und das Stift Wilten in Tirol, das in der Ausländerbetreuung aktiv ist.
Die nächsten Bomben richteten sich gegen Siedlungen von Minderheiten: gegen die Roma-Siedlung in Oberwart, wo am 4. Februar 1995 durch eine Sprengfalle vier Roma, Erwin und Karl Horvath, Josef Simon und Peter Sarközi, getötet wurden, und gegen Stinatz, wo eine Bombe Erich Preissler, einen Arbeiter der Müllabfuhr, verletzte.
Die dritte Briefbombenserie vom 8. Juni 1995 ging großteils ins Ausland. Empfänger waren Arabella Kiesbauer, deren Vater aus Ghana stammt und die eine Talkshow in einem deutschen Privatsender moderiert, und der Lübecker Bürgermeister Dietrich Szameit, der hohe Strafen für rechtsradikale Jugendliche gefordert hatte – in beiden Fällen wurden Mitarbeiter der Adressaten verletzt. Zu dieser Serie gehörte auch eine Bombe an ein Linzer Partnervermittlungsinstitut, das sich auf die Vermittlung von

Der Wiener Bürgermeister Helmut Zilk bei einer Pressekonferenz nach dem Briefbomben-attentat.

Ehen zwischen Österreichern und heiratswilligen Frauen aus dem Ostblock spezialisiert hat: Die Geschäftsführerin wurde schwer verletzt.

Die nächste Briefbombenserie richtete sich gegen Ausländer in Österreich, die in keiner Weise politisch in Erscheinung getreten waren: Der aus Syrien stammende Gemeindearzt Abou-Roumie aus Stronsdorf wurde schwer an der Hand verletzt, eine Bombe an das österreichisch-asiatische Ärzteehepaar Chung in Mistelbach konnte entschärft werden. Schwer verletzt wurde auch die niederösterreichische Flüchtlingshelferin Maria Loley, Trägerin hoher Auszeichnungen der UNHCR, der Flüchtlingshilfe der UNO, und mit dem Bruno-Kreisky-Anerkennungspreis für Menschenrechte ausgezeichnet. Das UNHCR war auch Adressat einer Briefbombe der nächsten Serie am 11. Dezember 1996, weitere Bomben gingen an eine indische Familie in Wien und an Angela Resetarits, die Mutter des als Ostbahn-Kurti bekannten Sängers Willi Resetarits, der sich in der Flüchtlingshilfe engagiert. Niemand wurde verletzt, da die Bomben rechtzeitig abgefangen werden konnten. Eine weitere Bombe, die rechtzeitig unschädlich gemacht werden konnte, war an Lotte Ingrisch, die Witwe des Komponisten Gottfried von Einem, adressiert, konnte aber die Adressatin nicht erreichen.

Die Attentate

Als am 3. und 4. Dezember 1993 die ersten Briefbomben explodieren, ist ganz Österreich geschockt, vor allem deshalb, weil es noch völlig unklar ist, aus welcher politischen Ecke der oder die Attentäter stammen könnten. Man vermutet zwar einen rechten Hintergrund, da die Briefbomben von einem Schreiben mit dem Satz: „Wir wehren uns, Graf Rüdiger von Starhemberg", begleitet sind, Beweise dafür lassen sich aber vorläufig nicht erbringen. Die Kronenzeitung warnt davor, „... der FPÖ im Allgemeinen und Jörg Haider im Speziellen die alleinige Schuld am Bombenterror in die Schuhe zu schieben", und die FPÖ setzt eine Belohnung zur Ergreifung des Täters in der Höhe von 300.000 Schilling aus. Bald schon gibt es die ersten Verhaftungen: Der 30-jährige HTL-Ingenieur Peter Binder und der Fürstenfelder Franz Radl junior werden unter dem Verdacht festgenommen, die Bomben gebaut und verschickt zu haben – beide gehören der rechtsradikalen Szene um Gottfried Küssel an. Den Fahndern gelingt es allerdings nicht, Sachbeweise für die Täterschaft der beiden zu finden, sie können lediglich wegen NS-Wiederbetätigung in Haft behalten werden. In der Folge tauchen Bekennerbriefe auf, die mit „Bajuwarische Befreiungsarmee" (BBA) unterschrieben sind und in seitenlangen Schmähungen über die Opfer herziehen beziehungsweise sich mit fremdenfeindlichen Themen beschäftigen. Die BBA stellt sich als terroristische Kleingruppe mit spezialisierten Mitgliedern dar, die sich den Schutz des deutschen Volkstums gegen die Überfremdung zum Ziel gemacht hat.

Am 24. August 1994 fällt in Klagenfurt ein verdächtiges Paket vor der zweisprachigen Renner-Volksschule auf. Man benachrichtigt die Polizei, die es abholt und auf der Gepäckstraße des Klagenfurter Flughafens durchleuchten möchte. Dabei explodiert die Rohrbombe und reißt dem Polizisten Theodor Kelz beide Hände weg. Auch in diesem Fall findet die Polizei keine konkrete Spur zum Täter, man vermutet zunächst Querelen in der Klagenfurter Unterwelt als Auslöser des Bombenanschlages.

Eine Woche vor den Nationalratswahlen am 10. Oktober 1994

An dieser Straßenkreuzung nahe der Roma-Siedlung in Oberwart tötete eine Sprengfalle Erwin und Karl Horvath, Josef Simon und Peter Sarközi.

taucht eine zweite Briefbombenserie auf. Es folgt ein ausführliches Bekennerschreiben der BBA, in dem diese auch die Verantwortung für die erste Briefbombenserie übernimmt. Hintergründe der Attentate werden nun deutlich, denn die BBA wendet sich gegen „Slowenisierung", „Panslawismus" und die „deutschfeindliche Volksverhetzung und Staatszersetzung".

Am 4. Februar 1995 kommt es zum folgenschwersten Anschlag: In der Roma-Siedlung in Oberwart detoniert eine Sprengfalle, die vier Roma grausam tötet, gefolgt von einer Spraydosenbombe in Stinatz.

Die Polizei erstellt nun aufgrund der bisher erhaltenen Briefe der BBA ein Täterprofil. Der Täter wird als „... selbstsicher bis zur Überheblichkeit, zynisch bis böse, verbissen, pedantisch, nach erlittenem Frust über den Dingen stehend, deutschnational, konservativ, rassistisch und extremistisch" beschrieben. Die Fahndung konzentriert sich auf das rechtsradikale und deutschnationale Spektrum, konkrete Erfolge bleiben aber weiterhin aus.

Verunsichert wird die Suche nach den Bombenattentätern durch einen Anschlag auf eine Hochspannungsleitung in Ebergassing, bei der zwei Personen der linksradikalen Szene ums Leben kommen. In der darauf folgenden politischen Debatte wird von Seiten der FPÖ die Frage aufgeworfen, ob die Briefbomben nicht in Wahrheit aus der linken Szene stammen könnten und den Staat destabilisieren sollen, indem man die Schuld auf die rechte Politik und die FPÖ schiebe.

Mit der dritten Briefbombenserie gegen Kiesbauer und den Lübecker Bürgermeister wird aber rasch wieder offenbar, dass der Briefbombenattentäter weiterhin tätig ist. Ein 28-seitiges Bekennerschreiben mit zahlreichen historischen Belegen für das angebliche Supremat des Deutschtums in Österreich macht klar, dass der Täter einem „verbohrten, sektenhaften rechten Fundamentalismus" zuzurechnen ist, der sich vor allem gegen Ausländer und Minderheiten in Österreich richtet. Auch die Fachhistoriker sind vom geschichtlichen Wissen des Schreibers beeindruckt.

Am 11. September 1995 beginnt der Prozess gegen Radl und Binder. Die Anklage steht auf schwachen Füßen und wird zur Farce, da es bald klar ist, dass die beiden Rechtsextremisten nicht in Verbindung zu den Briefbombenattentaten zu bringen sind. Während des Prozesses am 16. Oktober werden weitere Briefbombenattentate bekannt, gefolgt von Bomben am 11. Dezember. Am 12. Dezember werden Radl und Binder von der Briefbomben-Anklage freigesprochen, allerdings werden sie wegen Verstößen gegen das Waffengesetz und wegen NS-Wiederbetätigung zu zehn bzw. drei Jahren Haft verurteilt. Mit der Fahndung nach dem wahren Attentäter ist man noch immer nicht weitergekommen, doch hat sich nun auch bei der Polizei die Theorie des Einzeltäters durchgesetzt. Die BBA versendet einen weiteren, teilweise codierten Bekennerbrief. Spezialisten des Heeresnachrichtenamtes gelingt es innerhalb kürzester Zeit, den Code zu knacken und das Schreiben zu entschlüsseln. Der Inhalt – Beschimpfungen österreichischer Politiker und historische Begründungen für die Tätigkeit der BBA – klingt so verwirrt, dass der amtierende Innenminister Caspar Einem erklärt, „... dass wir nun davon ausgehen müssen, dass der Briefeschreiber einen Stich haben muss". Die ausgelobte Belohnung für die Ergreifung des Täters beträgt nun bereits zehn Millionen Schilling.

Nachdem eine Briefbombe an Lotte Ingrisch abgefangen werden kann, zieht sich das Netz um den Täter enger zusammen. Das Täterprofil des Polizeipsychologen wird laufend genauer, und es gelingt, durch physikalische Methoden seinen Wohnort auf wenige Gemeinden in der Südsteiermark einzugrenzen. Zudem wird in Österreich unter dem Eindruck der Suche nach dem Attentäter die Möglichkeit der Rasterfahndung beschlossen.

Am 1. Oktober 1997 glauben sich zwei Frauen in Gralla bei Leibnitz von einem weißen Fahrzeug verfolgt, das sich auffällig verhält und von dem sie sich bedroht fühlen. Sie rufen die Gendarmerie, die versucht, den Lenker zu überprüfen. Dabei zündet dieser eine Sprengladung, welche die Beamten verletzt, ihm selbst aber beide Hände abreißt. Man untersucht das Haus des Verletzten in Gralla und findet dabei Bomben, Bauteile für Bomben und historisches Material – der Briefbombenattentäter ist gefunden. Es ist der 48-jährige Franz Fuchs aus Gralla in der Steiermark, der von sich selbst sagt: „Ich bin ein österreichischer Patriot und bekenne mich als österreichischer Terrorist."

Der Täter

Franz Fuchs wurde am 12. Dezember 1949 in Gralla in der Steiermark geboren. Er wuchs in bescheidenen ländlichen Verhältnissen auf, die Mutter betreute die kleine Landwirtschaft, der Vater war Fassbinder und sozialistischer Gemeinderat. In der Schule galt er als begabt, die Eltern ermöglichten ihm den Besuch eines Gymnasiums, genauso wie in der Volksschule ist er dort der Klassenbeste, aber ein Eigenbrötler. Nach der Matura und dem Bundesheer studierte er an der Universität Graz Theoretische Physik mit dem Berufswunsch Atomphysiker. Bedingt durch die geringe finanzielle Unterstützung durch die Eltern arbeitete er in Wolfsburg am Fließband, um sich sein Studium leisten zu können, kehrte dann nach Graz zurück, fasste aber „nach einigen Wochen den Entschluss, wieder arbeiten zu gehen, da ich das armselige Studentenleben nicht ertragen wollte". Ein weiterer Arbeitsaufenthalt als Hilfsschlosser bei Daimler-Benz in Stuttgart folgte, 1976 kehrte Fuchs nach Österreich zurück. Er war frustriert, fand keinen ordentlichen Beruf und keine Freundin. Fuchs beschloss daher im Sommer 1976, sich umzubringen. Seine Mutter fand den vorbereiteten Abschiedsbrief und ließ den Sohn in das Grazer Landes-Sonderkrankenhaus einliefern. Die Diagnose ergab, dass Fuchs Probleme hatte, sich – nach seiner Rolle als Klassenbester in der Schule – auf der Universität als „einer von vielen" einzuordnen. Er selbst gab bei der Anamnese an, dass an seinen Problemen dieser oder jener, dies und das schuld sei, aber: „Nie wird vom Patienten angeführt, dass er selbst diese Entscheidung getroffen habe oder eine bestimmte Situation durch sein Verhalten zustande gekommen sei."

Franz Fuchs vor Gericht.

Im Herbst 1976 wurde Fuchs aus der Psychiatrie entlassen und musste sich von seinem Lebenstraum Atomphysiker verabschieden – er nahm eine Stelle als Vermessungsgehilfe an. 1984 arbeitete er für die steirische Elektrizitätsgesellschaft STEWEAG sowie für das E-Werk Ebner und führte hydrogeologische Messungen durch.

Als er im privaten Bereich, es ging um die Freundschaft zu einer Frau, Schwierigkeiten bekam und einen Ehrenbeleidigungsprozess verlor, begann er einen zähen Kleinkampf gegen die Justiz, der er sich überlegen vorkam. Gleichzeitig beklagte er sein bisheriges Leben: „Bei all dem schaute ich, der ich in den ersten drei Jahrzehnten meines Lebens aus selbstschädlichem Idealismus das Meiste geschluckt und nur selten Gegenwehr geleistet hatte, lange

genug wie ein getretener Dackel aus der Wäsche." Fuchs verlor gegen die Justiz, und in ihm begannen Zorn und fanatischer Hass gegen die Behörden und den Staat zu keimen: Wieder war nicht er an seiner Misere schuld, sondern jemand anderer.
Von 1985 bis 1988 scheint es, als ob Fuchs sein Leben wieder in den Griff bekommen würde: Er arbeitete als Vermessungstechniker im Büro seines Schulfreundes Heidinger, eignete sich schnell Computerkenntnisse an und schrieb selbst Programme. Fuchs wurde allerdings in seiner Arbeitsauffassung immer pedantischer und dadurch für die Firma unproduktiv, nach drei Jahren verließ er das Büro, zog sich verbittert zurück und vermied soziale Kontakte. Sporadisch arbeitete er wieder für das E-Werk Ebner, hatte aber nun viel Zeit, um nachzudenken: „Viel Zeit, hinzuhören, hatte ich ab dem Jahr 1987, als ich von Heidinger weggegangen bin und nur mehr 20 Stunden in der Woche arbeitete. Ab dieser Zeit habe ich verstärkte Diskriminierung der Deutschösterreicher und das zunehmende Selbstbewusstsein der anderen Volksgruppen und Religionen feststellen müssen ... Hinzu kam ab dem Jahr 1989 der verstärkte Ausländerzustrom ..."
In den folgenden Jahren machten sich die Persönlichkeitsstörungen immer deutlicher bemerkbar. 1993, zu Beginn der Briefbombenattentate, wies er nach einem psychiatrischen Gutachten von 1997 eine ganze Reihe von seelischen Defekten auf: Er war schizoid, paranoid, ein krankhafter Fanatiker, wies zwanghafte Störungen wie den Drang zur übermäßigen Perfektion auf und war beziehungsgestört. Laut Gutachter war er ein „... durch verschiedene Lebensereignisse gekränkter und verbitterter Mann ... der ausschließlich auf seinen eigenen Bereich und seine Gedankenwelt fixiert war ...", in dem sich „... eine überwertige und letztlich fanatische Idee herangebildet hat". Nämlich: sich „zu wehren" gegen „die Überschwemmung der teuren Heimat mit dem Ungeziefer der Fremden".

Die Konsequenzen

Der mit Spannung erwartete Prozess gegen Franz Fuchs fand vom 2. Februar bis 10. März 1999 in Graz statt und begann mit einem Eklat. Fuchs schrie unmittelbar vor Verhandlungsbeginn minutenlang ausländerfeindliche Parolen und stieß Hasstiraden gegen Frauen, Politiker und Kirchenvertreter aus. Der Richter ließ Fuchs zunächst mehrmals aus dem Saal führen, da dieser jedoch immer wieder mit den einstudiert wirkenden Hasstiraden begann, wurde er schließlich von der Verhandlung ausgeschlossen. Der Staatsanwalt warf dem Angeklagten in seinem Eröffnungsplädoyer unter anderem vierfachen Mord vor und forderte lebenslange Haft für die insgesamt 28 Brief- und Rohrbombenanschläge.
Die Staatsanwaltschaft ging von Fuchs als Einzeltäter aus und bezeichnete die BBA als „Hirngespinst" des Angeklagten. „Fuchs ist die BBA", betonte Staatsanwalt Johannes Winklhofer gleich zu Beginn seines Plädoyers.
Der Pflichtverteidiger von Franz Fuchs, Gerald Ruhri, bezweifelte die Einzeltäter-Theorie der Anklage. Diese stehe „in einigen Punkten auf tönernen Füßen", sagte er. Die Indizienkette gegen Fuchs weise Lücken auf. Es handle sich um einen politischen Prozess. Eine „ganze Maschinerie" sei in Gang gesetzt worden, mit dem Ziel, Fuchs als Alleinverantwortlichen zur Rechenschaft zu ziehen, so Ruhri.
Ein weiterer Versuch am Nachmittag, Fuchs auf der Anklagebank Platz nehmen zu lassen, scheiterte. Als Richter Heinz Fuhrmann mit der Vernehmung des Angeklagten beginnen wollte, antwortete dieser wieder mit Schimpftiraden und wurde abgeführt. Nach kurzer Beratung beschloss das Gericht, auf eine Vernehmung des Angeklagten zu verzichten und statt dessen seine Aussagen vor dem Untersuchungsrichter ins Protokoll aufzunehmen.
Am 10. März 1999 erfolgte das Urteil. Franz Fuchs wurde zu lebenslanger Haft in einer Anstalt für geistig gestörte Straftäter verurteilt. In ihrem Urteil entschieden die acht Geschworenen, dass Fuchs zwischen 1993 und 1996 für mehrere Bombenanschläge in

Österreich verantwortlich war. Nach dem Spruch der Laienrichter war Fuchs des vierfachen Mordes, sechsfachen Mordversuches, der fünffachen schweren Körperverletzung, der vierfachen Nötigung und der Nötigung der Bundesregierung schuldig. Das Gericht folgte der Auffassung von Staatsanwalt Johannes Winklhofer, dass Franz Fuchs ein Einzeltäter sei.

Franz Fuchs nahm sich am 28. Februar 2000 in der Strafanstalt Graz-Karlau das Leben, getreu nach seiner vor dem Untersuchungsrichter geäußerten Devise : „Wenn jemand so etwas macht und erwischt wird, dann sollte er ein toter Mann sein." Trotz seiner Behinderung war es ihm gelungen, aus dem Kabel seines Rasierapparates eine Schlinge zu knüpfen, in der er sich erdrosselte. Bis zuletzt hatte er an der Existenz der BBA festgehalten. Die auch in zahlreichen Zeitungsartikeln und Kommentaren geäußerte Vermutung, dass man mit Fuchs nur einen Teil der BBA gefasst und verurteilt hätte, konnte bis heute nicht bestätigt oder widerlegt werden. Seit dem Prozess wurden jedenfalls keine Briefbombenattentate oder Bekennerschreiben der BBA festgestellt.

Die Alternative

Hätte es Franz Fuchs nicht gegeben, so wären Österreich Tote und ungeheures Leid erspart geblieben. Politische Vorgänge dieser Dimension haben aber auch die Eigenschaft, dass sie Diskussionen auslösen, die sonst unterbleiben, da sie als nicht notwendig erachtet werden. Im Fall von Franz Fuchs war es die Diskussion über Fremdenfeindlichkeit und Minderheitenproblematik in Österreich, die Bombe von Oberwart führte auch zu einer Beschäftigung mit der Geschichte und Problematik der Roma in Österreich, die ohne den Anschlag kaum möglich gewesen wäre. Zugleich machten es die Briefbombenattentate notwendig, dass Personen und Institutionen sich deutlicher als je zuvor in der „Ausländerproblematik" zu deklarieren hatten, dadurch wurden gewollte Grauzonen aufgelöst und der Prozess der Polarisierung beschleunigt: ein notwendiger Vorgang, auch auf die Gefahr hin, dass dieses Problem zum Vorteil einer politischen Partei umgemünzt wurde. Zu den weiteren Dingen, die es ohne den Fall Franz Fuchs nicht gegeben hätte, ist die Rasterfahndung in Österreich zu rechnen, die es ermöglicht, durch Datenvernetzung persönliche Daten von Personen in Hinkunft leichter zu recherchieren, wenngleich auch dieses Instrumentarium heute von vielen Seiten mit Argwohn betrachtet wird. Wäre Franz Fuchs ein unauffälliger, psychisch kranker Vermessungstechniker in Gralla geblieben, würde die politische Landschaft heute kaum anders aussehen. Doch die Lehren, die aus der missbräuchlichen politischen Verwendung von Begriffen wie „Überfremdung", „Umvolkung", „Ausländerproblematik", „Minderheiten" und deren Konsequenzen gezogen werden können, wären weniger deutlich gewesen.

Literatur

Allgemein

Roland Aegerter, Politische Attentate des 20. Jahrhunderts, Zürich 1999

Gerhard Botz, Beiträge zur Geschichte der politischen Gewalttaten in Österreich von 1918–1938, phil. Diss., Wien 1973

Gerhard Botz, Gewalt in der Politik. Attentate, Zusammenstöße, Putschversuche, Unruhen in Österreich 1918–1934, München 1976

Gerhard Botz, Gewalt und politisch-gesellschaftlicher Konflikt in der Ersten Republik (1918–33), in: Österreichische Zeitschrift für Politikwissenschaft, 4, 4 (1975)

Alexander Demandt (Hrsg.), Das Attentat in der Geschichte, Köln 1996

Hans Langemann, Das Attentat. Eine kriminalwissenschaftliche Studie zum politischen Kapitalverbrechen, Hamburg 1956

Lucian Meysels, Morde machen Geschichte, München 1985

Wolfgang Plat, Eine Sozialgeschichte des politischen Mordes, Düsseldorf – Wien 1982

Reinhard Pohanka, Räuber, Mörder, Kindsverderber. Eine Kriminalgeschichte Wiens, Wien 1991

Leopold Spira (Hrsg.), Attentate, die Österreich erschütterten, Wien 1981

Jörg von Uthmann, Attentat, Mord mit gutem Gewissen. Von Julius Caesar bis Jitzhak Rabin, Berlin 1996

Friedrich Staps und Napoleon I.

Theodor Bitterauf, Friedrich Staps und das Schönbrunner Attentat, in: Der Grenzbote, 69 (1910)

Emil Borowsky, Das Schönbrunner Attentat 1809 nach unveröffentlichten Quellen, in: Der Grenzbote, 57 (1898)

www.histoire.org/l empire/articles/staps/staps.html (Verhör von Staps durch General Rapp)

Franz Reindl und Ferdinand I.

Gustav Gugitz, Der Mordanschlag auf König Ferdinand von Ungarn, in: Altwienerisches, Bilder und Gestalten 2 (1921), S. 326–340

Johann Karl Moll, Die letzten Tage des Herzogs von Reichstadt, Wien – Berlin – Leipzig 1948, S. 210 ff.

Wangler, Brambosch, Jurkowitz und Graf Latour

Moritz Smets, Das Jahr 1848. Geschichte der Wiener Revolution, 2. Bd., Wien 1872, S. 577 f.

Neue Deutsche Biographie 13 (1982), S. 683, s. v. Latour, Graf Baillet de

Österreichisches Biographisches Lexikon 1815–1850, 1. Bd., Graz 1957, S. 45

Erinnerungen an den k. k. Feldzeugmeister Graf Theodore Baillet Latour, Graz 1849

János Libényi und Kaiser Franz Joseph I.

Friedrich Benesch, Der Mordanschlag auf Kaiser Franz Joseph am 18. Februar 1853, in: Wiener Geschichtsblätter 18 (1973), S. 38 ff.

Edmund Daniek, Der Mordversuch Johann Libényis an Kaiser Franz Joseph I., in: Unsere Heimat, 34, 1 (1963)

Wilhelm Deutschmann, Das Attentat Johann Libényis auf Kaiser Franz Joseph I., in: Kaiser Franz Joseph von Österreich oder Der Verfall eines Prinzips, Kat. Historisches Museum Wien, 1981, S. 187 ff.

Michaela Kovarik, Das Attentat Johann Libényis auf Kaiser Franz Joseph I. und die Gründung der Votivkirche, phil. Diss., Wien 1976

Hansen Walther, Das Attentat auf se. Majestät Franz Joseph I. (Nachdruck Ludwig), Wien 1978

Anton Kammerer, Hermann Stellmacher

Gerhard Botz, Im Schatten der Arbeiterbewegung, Wien 1977

Gerfried Brandstetter, Anarchismus und Arbeiterbewegung in Österreich 1848–1914, phil. Diss., Salzburg 1977

Rudolf Rocker, Johann Most. Das Leben eines Rebellen, Berlin 1925

Anna Staudacher, Sozialrevolutionäre und Anarchisten. Die andere Arbeiterbewegung von Hainfeld. Österreichische Texte zur Gesellschaftskritik, Bd. 39, Wien 1988

Horst Stowasser, Leben ohne Chef und Staat, Träume und Wirklichkeit der Anarchisten, Berlin 1995

http://www.free.de/dada/ (DADA, Datenbank des deutschsprachigen Anarchismus Berlin – Köln – Potsdam)

Paul Kunschak und Franz Schuhmeier

Robert Ascher, Der Schuhmeier, Wien 1933

Gerhard Botz, Das Attentat Paul Kunschaks auf Franz Schuhmeier vor 60 Jahren, in: Wiener Geschichtsblätter 28,1 (1973), S. 1–9

Hugo Burghauser und August Schuhmeier, Leben und Wirken unseres Führers Franz Schuhmeier, Wien 1926

Helga Schmidt und Felix Czeike, Franz Schuhmeier, Wien 1964

Leopold Spira, Der Mord an Franz Schuhmeier, in: Leopold Spira (Hrsg.), Attentate, die Österreich erschütterten, Wien 1981, S. 35–40

Friedrich Adler und Graf Stürgkh

Friedrich Adler, Die Erneuerung der Internationale, Wien 1918
Friedrich Adler, Vor dem Ausnahmegericht, 2. Aufl., Jena 1923
Rudolf Ardelt, Der 21. Oktober 1916. Das Attentat Friedrich Adlers. Bewusste und unbewusste Beweggründe, in: Die Zukunft, Heft 20 (1976), S. 14–20
Ronald Florence, Fritz, The Story of an political assassin, New York 1971
Michael Siegert, Der Mord an Ministerpräsident Stürgkh, in: Leopold Spira (Hrsg.), Attentate, die Österreich erschütterten, Wien 1981, S. 65–78
Johann Zimmermann, Von der Bluttat eines Unseligen. Das Attentat Friedrich Adlers und seine Rezeption in der sozialdemokratischen Presse, Studien zur Zeitgeschichte, Bd. 19, Hamburg 1999

Ladislaus Gireth und Béla Kun

Gerhard Botz, Gewalt in der Politik. Attentate, Zusammenstöße, Putschversuche, Unruhen in Österreich 1918–1934, München 1976
Andrew C. Janos und William B. Slottman (Hrsg.), Revolution in Perspective: Essays on the Hungarian Soviet Republic of 1919, Berkeley 1971
Oszkar Jászi, Revolution and Counter-Revolution in Hungary, London 1924
Albert von Kaas und Fedor Lazarovics, Der Bolschewismus in Ungarn, München 1960
Rudolf Tökes, Béla Kun, Budapest 1967
Iván Völgyes (Hrsg.), Hungary in Revolution, 1918–1919. Nine Essays, Lincoln 1991
Z. A. B. Zeman, The Break-up of the Habsburg Empire 1914–1918, Oxford 1961

Karl Jaworek und Ignaz Seipel

Rudolf Blüml, Prälat Dr. Ignaz Seipel. Ein großes Leben in kleinen Bildern, Klagenfurt 1933
Klemens v. Klemperer, Ignaz Seipel. Christian Statesman in a time of crisis, Princeton 1972
Friedrich Rennhofer, Ignaz Seipel. Mensch und Staatsmann, eine biographische Dokumentation, Graz 1978
Richard Schmitz, Ignaz Seipel, Wien 1946

Otto Rothstock und Hugo Bettauer

Gerhard Botz, Die Hinrichtung von Hugo Bettauer. Ein Beitrag zur Sozialpathologie der Zwanzigerjahre in Wien, in: Aktion für Kultur und Politik, Nr. 1 (1967)

Elizabeth Spira und Murray G. Hall, Der Mord an Hugo Bettauer, in: Leopold Spira (Hrsg.), Attentate, die Österreich erschütterten, Wien 1981, S. 89–99

Richard Strebinger und Karl Seitz

Rudolf Spitzer, Karl Seitz. Waisenknabe – Staatspräsident – Bürgermeister von Wien, Wien 1994

Rudolf Drtil, Franz Holzweber, Otto Planetta und Engelbert Dollfuß

Heinrich Drimmel, Vom Kanzlermord zum Anschluss. Österreich 1934–1938, Wien 1987

Ludwig Jedlicka und Rudolf Neck (Hrsg.), Vom Justizpalast zum Heldenplatz, Wien 1975

Gordon Sheperd, Engelbert Dollfuß, Graz 1961

Johann Nelböck und Moritz Schlick

Biographisch-Bibliographisches Kirchenlexikon, s. v. Schlick, Moritz, in: *http.//www.bautz.de/bbkl/s/s1/schlick_m.shmtl*

Viktor Kraft, Der Wiener Kreis, 2. Aufl., Wien 1968

Karl Peter Schwarz, Das Ende des Wiener Kreises: „So Hund, jetzt hast du es", in: Die Presse, 22. 11. 1997
http://www.stangl-taller.de

Michael Siegert, Der Mord an Professor Schlick, in: Leopold Spira (Hrsg.), Attentate, die Österreich erschütterten, Wien 1981, S. 124 ff.
http://ww.philuni-passau.de/dlwg/ws02/14-2-94.txt (Wiener Kreis)
http./www.moritz-schlick.de/biogr.htm (Biographie Moritz Schlick)

Taras Borodajkewycz, Günther Kümel und Ernst Kirchweger

Josef Hager, Hochschule und Neonazismus. Der Fall „Taras Borodajkewycz" 1965, in: Geschichte und Gegenwart, Vierteljahreshefte für Zeitgeschichte, Gesellschaftsanalyse und politische Bildung, 15, 3 (1996), S. 169–185

Heinz Fischer, Einer im Vordergrund. Taras Borodajkewycz. Eine Dokumentation, Wien 1966

Gerard E. Kasemir, Die Borodajkewycz-Affaire. Spätes Ende für wissenschaftlich vorgetragenen Rassismus, Diplomarbeit, Wien 1984

„Carlos“, Gabriele Kröcher-Tiedemann, Hans-Joachim Klein und die OPEC
John Follain, Jackal. The complete story of the legendary terrorist, Carlos the Jackal, Arcade 1998

Franz Rieser und Leopold Wagner
Reinhard Kacianka, Machtlos. Der Fall Rieser, Klagenfurt 1987

Ahmed Behbahani und Abdul Rahman Ghassemlou
Peter Pilz, Eskorte nach Teheran. Der österreichische Rechtsstaat und die Kurdenmorde, Wien 1997
http.//www.krds.net/ghassemlu.htm (Biographie Ghassemlou)
http:/www.parlinkom.gv.at/pd/pm/XX/AB/texte/022/AB02289-html (parlamentarische Anfrage zum Fall Ghassemlou)
http.//www.jebhemelli.org (Biographie Behbahani)

Franz Fuchs
Michael Grassl-Kosa, Der Briefbomber ist unter uns, Wien 1996
Christoph M. Ledel, Burschen und Bomben. Die Bekennerschreiben zu den Briefbomben der Bajuwarischen Befreiungsarmee im Lichte des Corporationsstudententums, Salzburg 2000
Kurt Tozzer, Bombenspuren. Briefbomben und politischer Terror, Wien 1995
Thomas Vasek, Ein Funke genügt. Die Briefbombenattentate, der Fall Franz Fuchs. Die Anklage, Chronologie, Fakten, Dokumente, Analysen, Hintergründe und offene Fragen, Wien 1999

Personenregister

BILDNACHWEIS:

Museen der Stadt Wien: 14, 17, 29, 31, 41, 47, 50, 57, 63, 69, 71, 87, 101, 115, 117, 138, 149, 151
Bildarchiv der Österreichischen Nationalbibliothek, Wien: 21, 38, 39, 53, 79, 91, 96, 105, 112, 131,155
R. Pohanka: 61, 64, 75, 84, 121, 123, 124, 125, 128, 150, 158, 161
Illustriertes Wiener Extrablatt: 59
Illustrierte Kronen-Zeitung: 82, 165
Archiv Kleine Zeitung: 168, 173, 176 (Foto Votava); 170, 174 (Foto Basch); 182, 185 (Foto Klomfar); 183 (Foto ORF); 186 (EPA Photo); 191 (gepa pressefoto); 194 (Eggenberger); 195 (Stuhlhofer); 201 (APA); 209 (Reuters); 211 (Helge Sommer); 215 (APA, Gradwohl)